中国企业的国际化之路

聚焦跨境并购的得失成败

贾宗达◎著

复旦大学出版社

再版前言

这是我的香港城市大学—复旦大学DBA博士论文，是我自己对关注并研究的资本证券、并购融资、境外投资等法律问题的思考和总结。

中国对外直接投资，反映并影响中国经济格局和发展。中国企业跨境并购，正越来越成为中国对外直接投资的主要形式。本书以中国式跨境并购政府导向、反向市场、资本离境动因和风险为背景，以邓宁的国际生产折衷理论和投资发展阶段理论为指导，研究中国企业跨境并购影响因素与并购成败和绩效的关系。

与以往研究不同，本书研究中国企业跨境并购的影响因素，重点对比并购影响因素在成败和短期绩效上、在发达国家和非发达国家中的相同或不同。本书选取SDC数据库中国企业跨境并购数据，分别采用回归分析法、事件研究法以及财务评价法研究并购成败、并购短期绩效以及长期绩效，并辅以案例分析，主要得出以下结论。

第一，中国企业进行跨境并购，与并购标的所在国的文化距离，并不直接影响交易是否达成，但与并购短期绩效显著负相关，说明中国企业在完成并购交易后不能掉以轻心，仍需着力整合文化差异。第二，目标公司是否在发达国家不影响并购成功率，但并购发达国家企业能产生更高的短期超额收益率。第三，国有企业进行跨境并购面临特殊挑战，并购交易更难达成，尤其是在发达国家。第四，如果中国企业与跨境并购标的处于同一行业，则有助于并购交易达成，尤其是在非发达国家。第五，绝对控股并购，在非发达国家，更难成功；对短期绩效有显著正影响，尤其是在发达国家。第六，采用现金支付有助于并购交易达成，尤其是在发达国家。第七，中国企业跨境并购长期绩效，整体不佳并变差。同时，市场因素，对中国企业跨境并购的成败、短期绩效、长期绩效，均有非常显著的影响作用或调节作用。

本书重点关注并购影响因素对并购成败和绩效、在发达国家和非发达国家的相同或不同，这一对比分析的关注点，在现有文献研究中，尚不多见。因此，本书这一新视角的研究和结论，可以为中国企业跨境并购的对比与选择，提供借鉴和参考。

本书初版成稿于2015年。2017年，由复旦大学出版社以《中国企业跨境并购成败和绩效对比研究》首发中文版。

2021年，实现版权输出，由英国Routledge出版社, Taylor & Francis Group出版集团以《INTERNATIONALISATION OF CHINESE ENTERPRISES — A COMPARATIVE STUDY OF CROSS-BORDER MERGERS AND ACQUISITIONS》出版英文版。

本次再版，全书主体内容不变，以“再版前言”更新了原版“摘要”；以第七章“续篇”代替了原“篇末语”，内容包括：第一节“数据篇续篇”对原版数据进行了更新，第二节“案例篇续篇”对原版案例的后续发展进行了跟进。

原中文版封面

英文版封面

致　谢

感谢导师、助研、同事和所有人在本书写作过程中给予的指导、帮助、支持！

感谢我在香港城市大学的导师吴雪平教授的悉心指导！

感谢我在复旦大学的导师孙谦教授的悉心指导！

感谢我在复旦大学的助研邢亚丹博士的全程帮助！

感谢我的同事，没有同事的支持，尤其是如果没有我的法律团队同事的悉心帮助，我的论文也无以完成！

感谢香港城市大学和复旦大学老师们！同学们！

感谢所有人！

目　录

图表目录

第一章　绪　　论

一个企业通过并购成为大企业，在现代经济史上，是一个突出的现象。

——诺贝尔经济学奖得主　斯蒂格勒

第一节　研究内容、方法与意义

一、问题提出和本书逻辑

本书初稿之际，学界正在研判 2014 年的中国对外直接投资，预计 2015 年对外直接投资总额将超过外商对华投资总额。而跨境并购正越来越成为中国对外直接投资的主要形式。

本书将从企业角度研究中国对外直接投资中的中国企业跨境并购。研究中国企业跨境并购，核心关注的就是企业跨境并购的影响因素及其成败和绩效。因此，本书具体研究中国企业跨境并购中的影响因素与跨境并购成败和绩效的关系。

中国企业跨境并购的影响因素，与跨境并购成败和绩效的关系，从跨境并购实践的企业角度看，本质上就是一个对比选择的问题。例如，企业是否必须进行跨境并购？跨境并购影响因素及其对跨境并购成败和绩效的影响如何？目标公司首选发达国家还是非发达国家？既然需要选择，当然必须对比。因此，本书对中国企业跨境并购的成败和绩效进行对比研究。

本书题目即为，中国企业跨境并购的得失成败。研究这一问题，有逻辑递进的不同层次，前个层次问题是基础，后个层次问题是对前个层次问题的展开和回答，即研究后一层次问题，是为解释和回答前一层次问题。

中国企业跨境并购的关键在于对比选择，某项并购影响因素，有利或不利于并购成功，则可能不利或有利于并购绩效，有利或不利于在发达国家，则可能不利或有利于在非发达国家；前者是并购与否及怎样并购的对比选择，后者是目标公司在发达国家或非发达国家的对比选择。在此基础上，需要分析的问题包括：跨境并购成败和绩效的影响因素是什么？跨境并购影响因素在并购成败和并购绩效上的表现及对比如何？在目标公司选择发达国家或者非发达国家上的表现及对比如何？本书需要分析国内外已有理论和文献是如何回答上述问题的，中国企业跨境并购发展中的阶段或浪潮、动因、风险对其跨境并购成败和绩效有怎样的背景性影响和作用。

综上所述，本书以中国企业跨境并购发展中的阶段或浪潮、动因、风险和国内外已有理论及文献为背景和基础，分析中国企业跨境并购的影响因素，并对比跨境并购影响因素在跨境并购成败和绩效上、在发达国家和非发达国家中的相同或不同，回答跨境并购影响因素与跨境并购成败和绩效的关系，为中国企业跨境并购的对比选择提供借鉴和参考。

二、本书研究的问题

如上所述，本书以中国式跨境并购政府导向、反向市场、资本离境动因和风险为背景，以跨境并购相关理论尤其是邓宁的国际生产折衷理论和投资发展阶段理论为指导，研究中国企业跨境并购影响因素与并购成败和绩效的关系，对中国企业跨境并购成败和绩效的影响因素，以及某项影响因素对成败和绩效、在发达国家和非发达国家的相同或不同影响，进行对比分析和研究。

三、本书研究的目的

本书研究的目的是，分析中国企业跨境并购成败和绩效的影响因素，关注成败和绩效、在发达国家和非发达国家的影响因素对比，从影响因素对比的角度,回答中国企业跨境并购中的影响因素与跨境并购成败和绩效的关系,以期为中国企业跨境并购实践提供借鉴和参考。

四、本书的研究方法

关于跨境并购成败和绩效的研究方法,学者多从绩效角度出发。因为从大的方面来讲,并购成败和绩效是同一个命题,即并购成败问题。并购成败问题不仅在于是否能够完成并购,更在于并购完成后是否能够取得良好的绩效。只有真正取得了良好绩效的跨境并购,尤其是真正取得了良好长期绩效的跨境并购,才是真正成功的跨境并购。

关于并购成败和绩效的研究方法,国外已有成论。Sudi Sudarsanam(2013)认为,股东财富的创造通常用超额收益来衡量,也就是超过适当基准收益的收益[①]。Robert F. Bruner(2008)认为,投资者收益是评价并购绩效的合理尺度;但其同时认为,交易公告前后测度的短期收益,往往与交易公告后若干年的长期收益没有什么关系,或关联性相当小[②]。陈健等(2005)总结了30多年来国外学者有关企业并购绩效研究的重要文献,认为企业并购绩效研究主要包括三个方面:并购活动对并购后企业绩效的影响;并购特征与并购后企业绩效的关系;并购后整合、管理与并购后企业绩效的关系。企业并购绩效的评价方法分为三类,即考察财务绩效、经营绩效的财务评价法;并购绩效的股票评价法,或称事件研究法、股市价值法、股票价值法;以及并购绩效的其他评价方法,如自我报告、学术小组评价、专家排序等[③]。

本书以中国式跨境并购政府导向、反向市场、资本离境动因和风险为背景,以邓宁的国际生产折衷理论和投资发展阶段理论为指导,研究中国企业跨境并购影响因素与并购成败和绩效的关系。本书研究中国企业跨境并购的影响因素,重点对比并购影响因素在成败和短期绩效上、在发达国家和非发达国家中的相同或不同,以1990年1月—2012年12月数据,以回归分析法研究并购成败,以事件研究法分析并购短期绩效,以财务评价法研究并购

---

① Sudi Sudarsanam.并购创造价值(第二版)[M].芮萌,译.北京:中国人民大学出版社,2013:2.

② Robert F. Bruner.铁血并购——从失败中总结出来的教训[M].沈嘉,译.上海:上海财经大学出版社,2008:48-53.

③ 陈健,席酉民,郭菊娥.国外并购绩效评价方法研究综述[J].当代经济科学,2005,(3):85-90.

长期绩效，并以案例诠释并购成败和绩效。

五、本书研究的主要发现

本书主要考察中国企业跨境并购成败、短期绩效和长期绩效。从整体上看，中国企业跨境并购平均交易完成率约为60%，短期取得了显著为正的公告超额收益率，但长期绩效整体不佳并变差。市场因素对中国企业跨境并购的成败、短期绩效、长期绩效均有非常显著的影响作用或调节作用。

本书进一步检验了文化距离、目标公司是否在发达国家、并购公司是否国有企业、是否同行业并购、是否绝对控股并购以及是否现金支付六大因素对中国企业跨境并购成败和短期绩效的影响，并对比其在发达国家与非发达国家的相同或不同。主要有以下发现：中国企业进行跨境并购，与目标公司所在国的文化距离并不显著影响并购成败，但对短期绩效存在显著负效应；目标公司是否在发达国家对并购成败影响不显著，但对短期绩效影响显著为正；国有企业进行跨境并购面临特殊挑战，并购交易更难达成，尤其是在发达国家，对短期绩效则无显著影响；如果与并购标的处于同一行业，则有助于并购交易达成，尤其是在非发达国家，对短期绩效的影响不显著；绝对控股并购在非发达国家更难成功，在发达国家则不影响并购的成功率，但对短期绩效存在显著正效应；采用现金支付方式有利于并购成功，尤其是在发达国家，对短期绩效则无显著影响。

六、本书的研究意义

1. 跨境并购成败和绩效研究的意义概述

有史以来最伟大的投资家，素有“股神”之称的巴菲特有句名言：“成功的捷径，是与成功者为伍”。或者说，学习成功者的经验，规避失败者的教训，也是成功之道。从1982—2003年，沃伦·巴菲特的伯克希尔·哈撒韦公司累计并购了价值450亿美元的目标公司。这令很多投资者简直难以相信：巴菲特是一个伟大的投资专家还是一个更伟大的并购专家？这当然是一个成功者的范例。

然而，更常见的却是，失败遍布商界，大多数企业最终都会因失败而破产。风险资本家通常会拒绝90%—95%向他们推荐或他们了解的项目，有90%的新企业在创立后不久就遭遇了失败，即使成熟的企业也难免一死。1925年，有501家公司在纽约证券交易所挂牌交易，可到了2004年，只有13%作为独立公司生存了下来。对于健康成长的企业来说，失败与它们同行①。并购（包括跨境并购）也是一样，失败与并购同行。但是，并购固有的巨大风险是经商成本的一个组成部分。面对固有的巨大风险，企业要么停止并购，但这样可能给社会造成更大损失，也可能使社会减缓进步；要么从此前的并购中学会如何以正确的方式采取行动，以提高成功的概率。

事实上，根据联合国贸易和发展会议《2013年世界投资报告》数据显示，2011年，总量21万亿美元的直接外资的收入为1.5万亿美元。从全球来看，直接外资收益率为7%，发展中经济体和转型期经济体的收益率高于发达经济体，这三者分别为8%、13%和5%②。这说明跨境并购等对外直接投资收益尚好，中国的跨境并购等对外直接投资收益本应良好。但根据美国经济学家“测算”，仅在2008年、2009年，中国外管局在境外股票投资的损失可能就已超过800亿美元，以当时汇率计突破了5 000多亿元人民币，这个数据比2009年中央财政对科技投入的1 461亿元人民币的3倍还要多（李飞，2012）③。

因此，从国外到国内，并购（包括跨境并购）成功者有之，失败者也有。研究其成败影响因素，总结其中的规律，并指导并购实践，既具理论意义，又具现实意义。

2. 理论意义

如前已述，关于跨境并购影响因素以及其对并购成败和绩效的影响，诸多学者都有研究，结论不尽相同。此前有关中国企业跨境并购影响因素在并购成败和绩效、在发达国家和非发达国家的全面对比研究文献较少。这

① Robert F. Bruner.铁血并购——从失败中总结出来的教训[M].沈嘉，译.上海：上海财经大学出版社，2008：1-2.

② 联合国贸易和发展会议.2013年世界投资报告[R].纽约和日内瓦：联合国，2013.

③ 李飞.中央企业境外投资风险控制研究[D].北京：财政部财政科学研究所博士学位论文，2012.

是本书的一个主要关注点，也是本书一个比较独特的视角。

3. 实践意义

本书通过对相关问题的研究，希望对中国企业跨境并购活动有所启迪和借鉴。如前所述，从企业角度关注中国跨境并购就是个选择问题，而选择需要建立在对比分析的基础之上。本书对中国企业跨境并购影响因素以及其对并购成败和绩效、在发达国家和非发达国家的对比研究，对中国企业跨境并购的选择(如是否进行跨境并购、更多关注跨境并购成败还是跨境并购绩效、选择发达国家还是非发达国家等)有所启示。

七、本书框架

本书共分七章，具体安排如下。

第一章是绪论，包括问题提出和本书逻辑、研究背景、研究问题与研究目的、研究方法与主要发现、研究意义、本书框架。本章回顾并分析了中国企业跨境并购的阶段划分或浪潮、动因、风险，尤其关注其特殊性，并将其特殊性总结为三个关键词：政府、国企、资源，认为以此为特点的中国企业跨境并购政府导向、反向市场、资本离境动因和风险，构成中国企业跨境并购成败和绩效的背景，并对其有基础性负面影响。

第二章是理论回顾与文献综述。包括中国企业跨境并购等相关概念、跨境并购相关理论、跨境并购成败和绩效文献综述及本书评述。本章关注了邓宁的国际生产折衷理论和投资发展阶段理论，并认为其对中国企业跨境并购(包括成败和绩效等)有一定的解释力。通过理论回顾与文献综述，本章提取了中国企业跨境并购的六个主要影响因素，分别为：国家层面的文化距离；目标公司是否在发达国家；企业层面的并购公司是否为国有企业；是否同行业并购；交易层面的是否绝对控股并购；是否现金支付。

第三章是假设提出与研究设计。本章在假设提出与研究设计时，就中国企业跨境并购的六个主要影响因素对跨境并购成败和绩效、在发达国家和非发达国家的相同或不同影响，进行了对比。

第四章是实证结果与分析。包括描述性统计与分析、主要假说的实证结果、主要发现以及实践启示。本章对中国企业跨境并购成败和绩效影响因素的对比性分析予以重点关注。

第五章是中国国有企业跨境并购铁矿石资源案例成败和绩效。包括国际铁矿石市场、中铝并购力拓、首钢并购秘鲁铁矿和出让秘鲁铁矿和案例小结。本章通过中国国有企业跨境并购铁矿石资源案例成败和绩效分析，关注到市场因素对中国企业跨境并购成败和绩效有显著影响。

第六章是结论，包括本书研究结论、理论和实践意义、本书不足之处。本章对研究结论进行了归纳和总结。

第七章是续篇。本章对第一版的部分数据和案例进行了更新。

第二节 研究背景

一、国际背景

(一) 国外并购浪潮

1. 国外并购浪潮概况

(1) 并购浪潮自发达国家席卷全球。

研究或述及并购浪潮，是以历史为背景，也是以历史提示当代，具有现实的借鉴意义。提到国外并购，人们常说国际并购史上有 6 次并购浪潮，其实并不准确。6 次并购浪潮是指发生在美国的并购，前期主要是美国国内并购。并购浪潮国际化则是百年并购史中最近二十年的新趋势。美国并购浪潮如果包括 21 世纪的 1 次，则为 6 次；如果不包括，则为 5 次。

真正的国际并购浪潮历史，包括美国在 120 年间的 6 次并购浪潮，英国在 45 年间的 5 次并购浪潮，欧盟在 25 年间的 3 次并购浪潮，和以“金砖国家”为代表的新兴市场国家在最近几十年经历的大的并购浪潮的洗礼等(Sudi Sudarsanam，2013)①。可见，并购浪潮自发达国家席卷全球，已成为一种必须关注和研究的世界经济现象。

① Sudi Sudarsanam.并购创造价值(第二版)[M].芮萌，译.北京：中国人民大学出版社，2013：40-41.

（2）美国的6次并购浪潮。

美国的并购浪潮最具代表性和典型性，因此也被提及和研究最多，为并购领域熟识。第一次并购发生在19世纪与20世纪之交，以横向并购为特征，以规模经济为目的，形成垄断的市场结构，并曾发生世界第一例超过10亿美元的巨额并购交易。今天的全球产业巨头，如美国钢铁集团、杜邦、通用电气、美国烟草等，均源于此次并购浪潮。第二次并购发生在20世纪20年代，以纵向并购为特征，形成寡头行业格局，形成的一些著名公司存活至今，如通用汽车、IBM等。第三次并购发生在20世纪60年代，以混合并购为特征，产生了多元化公司和综合性企业。第四次并购发生在20世纪80年代，以杠杆并购、敌意并购为其特征。第五次并购发生在20世纪90年代，以跨境并购为特征，这不仅体现在美国，也体现在欧洲同期的并购浪潮，以及亚洲的日本和北美洲的加拿大并购交易的同步显著增长。第六次并购发生在21世纪初，以新兴产业并购为特征，这次并购浪潮比以往更加全球化。

2. 国外并购浪潮的动因

并购既是一种经济现象，也是一种经营形式，且往往被认为是最快捷和最有效的企业扩张方式。并购的动因既有宏观影响，也有微观影响，以及交互、综合影响，本书下有论述。并购浪潮的动因则主要源自宏观影响，学者们将之归因于股市、经济周期、重大事件等，当然，这些也是并购的动因或并购的原因式背景。

（1）并购浪潮与股市。

受股市影响或与股市同步，是国外并购浪潮的重要特征。并购以波浪的形式进入并留在公众的脑海里，这些并购浪潮大致与股票市场同步。每一次并购高潮过后，都会出现严重的萧条（Robert F. Bruner，2008）[①]。并购浪潮的发展与股票市场行情关系极为密切，并购活动多发生在牛市时期（Sudi Sudarsanam，2013）[②]。企业兼并行为与股票市值高估相关，估值偏误的高股价，可能对兼并活动有系统性影响（Antonios Antoniou and

---

① Robert F. Bruner.铁血并购——从失败中总结出来的教训[M].沈嘉，译.上海：上海财经大学出版社，2008：1.

② Sudi Sudarsanam.并购创造价值（第二版）[M].芮萌，译.北京：中国人民大学出版社，2013：28.

Huainan Zhao, 2009)[①]。

(2) 并购浪潮与经济周期。

并购浪潮作为一种经济现象,当然也会与经济周期同步。并购具有时代性,时代与并购活动发生有因果关系(Sudi Sudarsanam, 2013)[②]。并购活动一般呈波浪式出现,发生于有力的经济扩张期(Karyn L. Neuhauser, 2009)[③]。并购发生的外部因素是不断变化的,因此,并购可以被理解为企业对外界不断变化的环境的一种应对战略(Sudi Sudarsanam, 2013)[④]。

同时,并购浪潮周期的时间间隔越来越短,并购规模越来越大,发生范围越来越全球化。美国的 6 次并购浪潮即是如此。企业并购有周期性特点,并购活动具有行业聚集性,所形成的并购浪潮的强度和密度随时间递增(Sudi Sudarsanam, 2013)[⑤]。

当然,并购浪潮的影响因素也非单一,经常会出现多种因素共存且交互影响的情况。林珏等(2011)认为,全球范围的并购实践已有百余年历史,每次并购浪潮都有其自身特点,但引发并购浪潮的共同的基本原因可以归纳为:与并购周期总体同步且不同行业有所差异的经济周期与技术进步、政治和政策因素等[⑥]。

(3) 并购浪潮与法律和政治等重大事件。

与经济相关的重大事件,或影响经济的重大事件,可以形成并购浪潮的动因。其中,法律和政治事件的作用尤甚。以法律为例,其对并购或并购浪潮就有直接的规制作用。因此,法律和政治因素对并购浪潮形成有明显影响。美国对并购有完备的法律规制(陈业宏和陈伟翔,2006)[⑦]。日本则重视

---

① Antonios Antoniou, Huainan Zhao.并购的驱动力——一种市场—经理人的理性框架[M].见 Greg N. Gregoriou, Karyn L.Neuhauser.企业并购逻辑与趋势.巴曙松等,译.北京:北京大学出版社,2009:5.

② Sudi Sudarsanam.并购创造价值(第二版)[M].芮萌,译.北京:中国人民大学出版社,2013:13-14.

③ Karyn L. Neuhauser. 兼并与收购. 全球视野[M]. 见:Greg N. Gregoriou, Karyn L. Neuhauser.企业并购逻辑与趋势.巴曙松等,译.北京:北京大学出版社,2009:1-2.

④ 同②:12.

⑤ 同上书:40-41.

⑥ 林珏.跨国并购和跨国战略联盟研究[M].上海:上海财经大学出版社,2011:54-56.

⑦ 陈业宏,陈伟翔.论东道国对外资并购的管制制度及母国的法律对策——以中国企业在美国的海外并购为例[J].武汉大学学报(哲学社会科学版),2006,(6):248-255.

中小企业发展，政府积极支持对外直接投资（张映雪，2011）[①]。20 世纪 90 年代第 5 次并购浪潮形成的重要原因，就是各国政府为提高本国企业的竞争力而放松对垄断的监管，这才能有波音和麦道式的垄断并购。欧盟有关电力和天然气的法令，致力于创建一个内部能源市场，也由此引发了一波并购浪潮（Francesc Trillas，2009）[②]。至于上述美国并购史中混合并购浪潮的出现，更是美国立法和政府反托拉斯立场的结果。

并购浪潮的形成，当然也有其他原因，在此不述，在本书关于并购动因的分析中会逐一说明。因为，在一定程度上，并购浪潮的动因与并购的动因属于同一个问题，而且并购动因才是本书更需要说明的问题。

（二）跨境并购的多重经济含义

1. 跨境并购是全球对外直接投资的主要形式

并购（包括跨境并购）是企业产权、经营权的转移。经济学分析和相关证据表明，公司控制权市场转移，既有利于股东、有利于公司，也有利于社会（Michael C. Jensen，1988）[③]。因为在美国，大型现代企业多是在历次并购浪潮中产生的，尤其集中产生于 1897—1903 年的并购浪潮（王仁荣，2012）[④]。而跨境并购或并购中的天文数字交易，不仅对国家经济、世界经济影响巨大，也是跨境并购之外其他对外直接投资形式所难以实现的。例如，1999 年 11 月宣布、2000 年 6 月实施的沃达丰通信并购曼内斯曼公司，交易额为2 028亿美元；2000 年 1 月宣布、2001 年 1 月实施的美国在线并购时代华纳，交易额为 1 647 亿美元[⑤]。

跨境并购已成为全球对外直接投资的主要形式，Sudi Sudarsanam（2013）总结已有数据发现，在全球对外直接投资中，跨境并购占比在

---

① 张映雪.中国企业海外并购中政府监管与服务法律问题研究[D].上海：上海社会科学院硕士学位论文，2011：6.

② Francesc Trillas.欧洲能源公司间的并购——国家巨头与市场[M].见：Greg N.Gregoriou，Karyn L.Neuhauser.企业并购逻辑与趋势.巴曙松等，译.北京：北京大学出版社，2009：230.

③ Michael C.Jensen.Takeovers：Their Causes and Consequences[J].The Journal of Economic Perspectives，1988，2(1)：21-48.

④ 王仁荣.跨国公司跨境并购法律问题研究[D].复旦大学博士学位论文，2012.

⑤ Patrick A. Gaughan.兼并、收购与公司重组[M].朱宝宪，吴亚君，译.北京：机械工业出版社，2010：3.

1987 年为 52%，1999 年为 83%，2006 年为 85%[①]；而在许多发达经济体中，跨境并购占比对外直接投资甚至更高（林珏等，2011）[②]。因此，跨境并购代表了全球资本和公司控制权的巨大转变，代表了当今全球对外直接投资的基本形态和主要特征。

2. 跨境并购等对外直接投资与经济全球化因果互动

20 世纪 80 年代兴起的经济全球化浪潮，已经将世界经济紧密相连。Karyn L. Neuhauser（2009）认为，20 世纪 90 年代末的许多并购就是经济全球化的产物。1999 年，跨境并购超过 1 万亿美元；2006 年，已达 4 万亿美元[③]。这是经济全球化与跨境并购等对外直接投资的因果互动。因为经济全球化以全球价值链为特征。在全球价值链中，不同的产品和服务分割且分散于各国。跨越国界的投入和产出形成价值链网络[④]。这直接促进了对外直接投资，包括直接促进了跨境并购。

所以，伴随着世界经济全球化的发展趋势，跨境并购正逐步取代跨境创建，成为对外直接投资的最主要方式（杨春桃，2014）[⑤]。在经济全球化的当今时代，跨境并购可以形成并实现跨越国境的投入和产出价值链网络，也能够促进企业快速实现全球扩张。

3. 跨境并购等对外直接投资主要来自跨国公司

跨国公司是当今世界经济的主力军，也是一个国家竞争力的集中体现，因为跨国公司是先进生产力、先进管理与先进科学技术的杰出代表。目前，据不完全统计，全球跨国公司母公司有 4 万多家，分支机构有 27 多万个。全球销售收入排前 10 位的跨国公司的年销售收入，超过世界上经济体量最小的 100 个国家 GDP 总和。全球 90%以上的跨境并购等对外直接投资来自跨国公司（李飞，2012）[⑥]。2011 年，跨国公司分支机构有员工 6 900 万名，

---

① Sudi Sudarsanam.并购创造价值（第二版）[M].芮萌，译.北京：中国人民大学出版社，2013：200.

② 林珏.跨国并购和跨国战略联盟研究[M].上海：上海财经大学出版社，2011：24.

③ Karyn L. Neuhauser. 兼并与收购. 全球视野[M]. 见：Greg N. Gregoriou，Karyn L. Neuhauser.企业并购逻辑与趋势.巴曙松等，译.北京：北京大学出版社，2009：3.

④ 联合国贸易和发展会议.2013 年世界投资报告[R].

⑤ 杨春桃.中国企业海外并购及东道国法律规制典型案例分析[M].北京：首都经济贸易大学出版社，2014：17-21.

⑥ 李飞.中央企业境外投资风险控制研究[D].财政部财政科学研究所博士学位论文，2012.

销售额为 28 万亿美元[①]。

2010 年，跨国公司的销售额占全球 GDP 的四分之一（王仁荣，2012）[②]。同年，跨国公司分支机构的出口额占世界出口总额三分之一[③]。跨境并购可以形成跨国公司；而跨国公司的形成，又可直接促进跨境并购等对外直接投资。

4. 跨境并购等对外直接投资在后金融危机时代的变化格局与中国的机遇和发展

全球金融危机使跨境并购等对外直接投资的世界格局发生变化，中国等“金砖国家”、发展中和转型经济体的作用和地位愈发重要。2008 年全球金融危机导致 2009 年全球包括跨境并购在内的对外直接投资流出量下降 43%。其中，跨境并购按数量计下降 34%，按价值计下降 65%[④]。在此背景下，发展中和转型经济体、“金砖国家”、中国的跨境并购等对外直接投资的数据不同。2009 年，发展中和转型经济体的跨境并购等对外直接投资占全球四分之一，引领直接外资回升[⑤]。2010 年，这一比例为 29%[⑥]。2011 年，是 23%[⑦]。因此，跨境并购等对外直接投资在金融危机后很快止跌并快速反弹。2010 年，跨境并购交易增长 36%[⑧]。2011 年，跨境并购交易增长 53%，当年全球直接外资流量增长，大部分由跨境并购推动[⑨]。“金砖五国”继续在新兴投资国中充当跨境并购等对外直接投资的主要来源国。其对外投资流出量在 2000 年仅为 70 亿美元；2012 年则达 1 450 亿美元，已占世界总量的 10%[⑩]。

至 2012 年，在全球最大投资国中，中国从第六位升至第三位[⑪]。伴随中

---

① 联合国贸易和发展会议.2012 年世界投资报告[R].
② 王仁荣.跨国公司跨境并购法律问题研究[D].复旦大学博士学位论文，2012.
③ 联合国贸易和发展会议.2011 年世界投资报告[R].
④ 联合国贸易和发展会议.2010 年世界投资报告[R].
⑤ 同上.
⑥ 联合国贸易和发展会议.2011 年世界投资报告[R].
⑦ 联合国贸易和发展会议.2012 年世界投资报告[R].
⑧ 联合国贸易和发展会议.2011 年世界投资报告[R].
⑨ 联合国贸易和发展会议.2012 年世界投资报告[R].
⑩ 联合国贸易和发展会议.2013 年世界投资报告[R].
⑪ 同上.

国经济的高速发展，经济实力不断提升，中国企业的国际化进程越来越快，一批中国的跨国公司正在崛起，并积极参与到经济全球化中。中国企业的对外直接投资方式也在发生重大变化，企业更多选择跨境并购，进入到全球价值链的诸多环节。全球金融危机为中国跨境并购等对外直接投资的发展提供了历史机遇。在后金融危机时代，中国跨境并购等对外直接投资，加速走向世界前列。

二、国内背景

（一）中国跨境并购等对外直接投资概况

1. 中国跨境并购等对外直接投资的发展

中国跨境并购等对外直接投资发展现状，可以从 2010—2012 年基本数据中得到反映。2010 年，中国跨境并购等对外直接投资流量为 688.1 亿美元，存量为 3 172.1 亿美元；对外直接投资企业有 1.6 万家，境外企业资产总额为 1.5 万亿美元[①]。2011 年，中国跨境并购等对外直接投资流量为 746.5 亿美元，存量为 4 247.8 亿美元；对外直接投资企业有 1.8 万家，境外企业资产总额近 2 万亿美元[②]。2012 年，中国跨境并购等对外直接投资流量为 878 亿美元，存量为 5 319.4 亿美元；对外直接投资企业近 2.2 万家，境外企业资产总额超过 2.3 万亿美元[③]。截至 2012 年年底，中国跨境并购等对外直接投资已分布在全球 179 个国家和地区，境外企业员工 149.3 万人，外方雇员 70.9 万人，发达国家雇员 8.9 万人[④]。中国跨境并购等对外直接投资，连续十年增长，2002—2012 年，年均增长速度 41.6%[⑤]。

对外直接投资中的跨境并购在 2012 年创出历史之最。2012 年，中国对外直接投资中的跨境并购，无论以项目数量计还是以交易金额计，两者均

---

① 商务部，国家统计局，国家外汇管理局.2010 年度中国对外直接投资统计公报[R].北京：中华人民共和国商务部，中华人民共和国国家统计局，国家外汇管理局，2011.

② 商务部，国家统计局，国家外汇管理局.2011 年度中国对外直接投资统计公报[R].北京：中华人民共和国商务部，中华人民共和国国家统计局，国家外汇管理局，2012.

③ 商务部，国家统计局，国家外汇管理局.2012 年度中国对外直接投资统计公报[R].北京：中华人民共和国商务部，中华人民共和国国家统计局，国家外汇管理局，2013.

④ 同上.

⑤ 同上.

创历史之最[①]。跨境并购等对外直接投资正成为中国企业新的利润来源，且重要性也在增加。跨境并购等对外直接投资被认为是高收益资产（王玮，2012）[②]。2011 年，中国的中央直属国有企业（央企）在境外的利润增幅超过境内，跨境并购等对外直接投资正成为央企利润来源的新的增长点（李飞，2012）[③]。这是中国企业发展、中国对外直接投资以及中国跨境并购的一个标志性指标。

事实上，经济全球化和跨国公司化下的中国跨境并购等对外直接投资，从宏观到微观均有高速发展。以中国工商银行为例，自 2009 年 6 月始，平均 45 天就实施一项跨境并购或跨境创建一家新的境外机构；至 2012 年年底，其已在 39 个国家和地区建立了近 400 个境外机构，在 134 个国家和地区拥有了 1 516 个代理行，覆盖五大洲。中国工商银行在过去三年多实现的全球战略性布局，是中国银行业此前数十年努力才达到的（杨林，2013）[④]。其中的跨境并购使其得以快速在全球扩张。

中国跨境并购正越来越成为中国对外直接投资的主要形式。自 2000 年开始，中国对外直接投资中，跨境并购正逐渐取代跨境创建，成为中国企业投资境外的主要方式（刘彦，2011）[⑤]。

2. 中国跨境并购等对外直接投资

从宏观到微观，中国的跨境并购等对外直接投资既有历史机遇，又有高速发展，但同时也出现很多问题，值得关注、重视和分析、研究。

首先，中国跨境并购等对外直接投资，与本国经济指标比较，发展尚不充分；与其他国家发展水平相比，尤其是与发达国家比较，差距仍然较大。中国对外直接投资（包括跨境并购）虽然发展很快，但相较于美国 60 万亿美元对外直接投资资产，中国还不是真正意义上的全球投资者（李

---

① 商务部，国家统计局，国家外汇管理局.2012 年度中国对外直接投资统计公报[R].北京：中华人民共和国商务部，中华人民共和国国家统计局，国家外汇管理局，2013.

② 王玮，杨娇辉，孙大超.金融发展能够促进对外直接投资吗——基于面板数据的经验分析[R].广州：中山大学第三届全国金融学博士生论坛，2012.

③ 李飞.中央企业境外投资风险控制研究[D].财政部财政科学研究所博士学位论文，2012.

④ 杨林.全球市场上的中资银行：中国工商银行的经验[M].见：黄益平，何帆，张永生.中国对外直接投资研究.北京：北京大学出版社，2013：252.

⑤ 刘彦.我国上市公司跨境并购绩效实证分析[J].商业研究，2011，(06)：106-111.

飞,2012)[①]。横向看,中国2011年跨境并购等对外直接投资占本国GDP的0.9%,而全球平均为2.4%;纵向看,中国2011年该占比只相当于全球20世纪80年代后期的水平;从世界经济格局看,中国GDP的世界占比10%,进出口的世界占比9%左右,跨境并购等对外直接投资的世界占比3.8%。当然,这说明中国对外直接投资(包括跨境并购)的潜力和空间仍很大(汪建熙,2013)[②]。

其次,中国跨境并购等对外直接投资缺乏优势,目标行业单一。中国跨境并购等对外直接投资缺乏所有权优势,未能充分利用区位优势,与世界对外直接投资大国的差距越来越大(李静萍和高敏雪,2005)[③]。中国跨境并购等对外直接投资向能源资源领域有较大倾斜。以能源为例,中国近十年平均消费增幅38.9%,2010年中国能源消费占比全球20.3%,美国则为19%,如此发展,中国能源消费在2020年将占比全球50%以上(李飞,2012)[④]。

再次,中国跨境并购等对外直接投资在国外受到质疑。如中国在非洲的跨境并购等对外直接投资,就被赋予"发展伙伴""经济竞争者""殖民者"等不同角色(Terence McNamee, 2013)[⑤]。引来的质疑有,中国跨境并购等对外直接投资是长期互利共赢发展?还是短期攫取能源资源?另外,中国的国有企业在国外更受质疑。

在上述发展和问题中,中国企业跨境并购的成败和绩效究竟如何?受哪些因素影响?有什么中国式的特殊影响因素?在发达国家和非发达国家表现怎样?本书正是循上述问题展开研究。

(二)中国跨境并购发展阶段或浪潮

1. 台湾地区的跨境并购浪潮

台湾地区的发展早于大陆地区,在20世纪80年代晚期和90年代晚期历经两次跨境并购浪潮,其跨境并购浪潮值得借鉴。台湾地区的企业也正

---

① 李飞.中央企业境外投资风险控制研究[D].财政部财政科学研究所博士学位论文,2012.

② 汪建熙.推荐序.见:李俊杰.中国企业跨境并购[M].北京:机械工业出版社,2013:V-Ⅵ.

③ 李静萍,高敏雪.中国对外直接投资的现状、差距与潜力[J].经济理论与经济管理,2005,(7):17-18.

④ 同①.

⑤ Terence McNamee.竞争者,殖民者,还是开发者?——非洲眼中多面的中国[M].王碧珺,译.见:黄益平,何帆,张永生.中国对外直接投资研究.北京:北京大学出版社,2013:321.

是这样做的，前次教训颇多，后次吸取经验（杨春桃，2014）[①]。

2. 中国跨境并购浪潮的背景

如上所述，中国跨境并购以及跨境并购浪潮有全球和国际背景。中国加入世贸组织，融入全球化，掀起跨境并购浪潮，从内部因素和外部因素看均非偶然，而是良机（邱欣欣，2004）[②]。中国经济发展的一些具体情况和特点，对跨境并购等对外直接投资的作用也很重要。中国企业出口就对境外投资有相当大的拉动作用（项本武，2009）[③]，以至于中国跨境并购等对外直接投资增速很快。2002—2009 年，中国跨境并购等对外直接投资的年均增长速度为 54.4%[④]。中国企业跨境并购也出现天文数字的交易，2013 年，中海油并购了加拿大尼克松公司，151 亿美元的交易金额使之成为中国企业有史以来完成的最大规模的跨境并购（杨春桃，2014）[⑤]。

当然，中国的跨境并购等对外直接投资也存在问题和差距。如中国企业跨境并购金额占比对外直接投资仍相对较低（李自杰等，2010）[⑥]。中国与其他国家的跨境并购等对外直接投资额相比存在差距，以中国对东盟投资为例，截至 2012 年，中国在东盟投资 282 亿美元，日本则为 1 210 亿美元（Sarah Oliver and Kevin Stahler，2014）[⑦]。数额相差甚远，影响力难于相提并论。

3. 中国跨境并购发展阶段或浪潮

本书主要关注中国企业跨境并购发展阶段或浪潮，下述各阶段论虽关注中国企业跨境并购，但同时也涉及中国企业对外直接投资或中国企业国内并购。因为在一定的阶段划分下，国内并购和跨境并购共同形成中国企业并购，跨境并购和跨境创建形成中国企业对外直接投资，其间难以区分或

---

① 杨春桃.中国企业海外并购及东道国法律规制典型案例分析[M].北京：首都经济贸易大学出版社，2014：159-160.

② 邱欣欣.我国企业海外并购趋势、特点及战略分析[J].商业研究，2004，(19)：52-54.

③ 项本武.东道国特征与中国对外直接投资的实证研究[J].数量经济技术经济研究，2009，(7)：33-46.

④ 商务部，国家统计局，国家外汇管理局.2009 年度中国对外直接投资统计公报[R].北京：中华人民共和国商务部，中华人民共和国国家统计局，国家外汇管理局，2010.

⑤ 同①：1-4.

⑥ 李自杰，李毅，曹保林.金融危机下中国企业海外并购的特征、问题及对策研究——基于对外经济贸易大学跨国并购数据库中国企业海外并购的实证分析[J].经济问题探索，2010，(4)：152-157.

⑦ Sarah Oliver，Kevin Stahler.中国 FDI 去哪儿了[R].马翼，译.思想库报告，2014-7-14.

彼此关联，将之并论也有一定道理。而且，下述各阶段论能够反映中国企业跨境并购发展阶段或跨境并购浪潮研究的现状。因此，本书此处所述中国企业并购和对外直接投资的发展阶段或浪潮，即为中国企业跨境并购发展阶段或浪潮。并且，本书对在此基础上需要特别关注的内容会有进一步的分析和明确。故此处不再逐一区分。中国企业跨境并购浪潮或发展阶段，从已有学者的观点看，其阶段划分和时间节点不同，有二阶段论、三阶段论、四阶段论、七阶段论，现分述如下。

(1) 二阶段论。

孙加韬(2005)关注此论点并以中国加入世贸组织为时间节点①。

(2) 三阶段论。

徐忠等(2013)关注“引进来”“走出去”的国家战略和全球金融危机的影响②；艾景飞(2011)认为 1992 年和 2003 年是中国企业跨境并购发展阶段的重要时间节点③；吴芳芳(2013)关注，并以加入世贸组织和全球金融危机为节点④；张传民(2012)认为，中国企业跨境并购的历程基本上就是国有企业跨境并购的历程⑤；杨群(2012)关注国有企业，并认为 2000 至今是国企跨境并购快速发展的阶段⑥；李飞(2012)关注央企境外投资，并以重大历史事件如十一届三中全会、邓小平“南方谈话”、加入世贸组织为时间节点⑦；何志毅和柯银斌(2010)以中国企业跨境并购浪潮的重大并购事件为阶段划分和时间节点，并认为三次跨境并购浪潮中，后次并未吸取前次经验教训⑧；林珏(2011)则对中国的跨境并购阶段进行划分，并关注香港回归等因素⑨。

---

① 孙加韬.中国企业海外并购的风险防范与化解[J].亚太经济，2005，(1)：42-45.

② 徐忠，徐荟竹，庞博.金融如何服务于企业走出去.见：黄益平，何帆，张永生.中国对外直接投资研究[M].北京：北京大学出版社，2013：90.

③ 艾景飞.政治因素对中国跨国并购的影响[D].北京：外交学院博士学位论文，2011.

④ 吴芳芳.国有中资企业在海外经营过程中的社会责任问题研究[D].北京：北京大学博士学位论文，2013.

⑤ 张传民.中国国企跨国并购低成功率的原因分析——基于博弈论的分析方法[D].北京：中国青年政治学院博士学位论文，2012.

⑥ 杨群.中国企业海外并购的制度因素研究[D].南昌：江西财经大学博士学位论文，2012.

⑦ 李飞.中央企业境外投资风险控制研究[D].北京：财政部财政科学研究所博士学位论文，2012.

⑧ 何志毅，柯银斌.中国企业跨国并购 10 大案例[M].上海：上海交通大学出版社，2010.

⑨ 林珏.跨国并购和跨国战略联盟研究[M].上海：上海财经大学出版社，2011：54-56.

(3) 四阶段论。

吴茜茜(2011)对中国企业跨境并购阶段进行划分,并关注港澳回归、加入世贸组织、全球金融危机等内容[①];李江(2003)关注中国企业并购自境内向境外的发展历程[②];马建威(2011)研究中国企业跨境并购阶段,关注邓小平"南方谈话"、加入世贸组织、全球金融危机[③];张娟(2007)关注中国企业对外直接投资区位选择历程[④];田泽(2010)关注中国企业跨境并购中加入世贸组织和全球金融危机的影响[⑤];杨春桃(2014)关注香港回归、上市公司引领跨境并购、全球金融危机等事件[⑥];周昌仕(2008)关注邓小平"南方谈话"和香港回归[⑦];刘志强(2007)关注邓小平"南方谈话"、香港回归、加入世贸组织[⑧];王仁荣(2012)关注邓小平"南方谈话"、加入世贸组织[⑨]等时间节点。

(4) 七阶段论。

Luke Hurst(2013)关注的影响中国对外直接投资的重大事件为十一届三中全会、邓小平"南方谈话"、亚洲金融危机、加入世贸组织、全球金融危机及其复苏。

4. 中国并购浪潮形成

(1) 中国企业跨境并购浪潮的形成时间。

在前述不同阶段论的基础上,关于中国企业跨境并购浪潮的形成时间有两种主流观点,分别以中国加入世贸组织和 2005 年为时间节点。前者的依据主要是重大事件,中国加入世贸组织的时间虽为 2001 年,但其显现的影响则是 2001 年前后,因此,2001 年被称为中国并购元年。比如余力和刘

---

① 吴茜茜.中国企业跨国并购绩效实证研究——基于主成分分析法[D].上海:复旦大学博士学位论文,2011.

② 李江.企业并购中政府干预的经济学分析[D].上海:复旦大学博士学位论文,2003.

③ 马建威.中国企业海外并购绩效研究博士学位论文[D].北京:财政部财政科学研究所博士学位论文,2011.

④ 张娟.中国企业对外直接投资的区位选择研究——基于价值链的视角[D].上海:复旦大学博士学位论文,2007.

⑤ 田泽.中国企业海外并购理论与实践研究[M].北京:化学工业出版社,2010:75-76.

⑥ 杨春桃.中国企业海外并购及东道国法律规制典型案例分析[M].北京:首都经济贸易大学出版社,2014:1-4.

⑦ 周昌仕.政府控制下的公司并购模式及绩效研究——基于中国上市公司的经验数据[D].广州:暨南大学博士学位论文,2008.

⑧ 刘志强.上市公司并购绩效及其影响因素的实证研究[D].长春:吉林大学博士学位论文,2007.

⑨ 王仁荣.跨国公司跨境并购法律问题研究[D].上海:复旦大学博士学位论文,2012.

英(2004)认为2002是中国并购元年[①]。

后者的依据来自中国跨境并购等对外直接投资的数据，以及中国企业跨境并购的重大事件。如Daniel H. Rosen和Thilo Hanemann(2013)认为，中国对外直接投资格局改变的转折点在2005年前后，其表现为国有企业大量并购境外采矿企业，推动中国对外直接投资快速增长[②]。因此，张传民(2012)认为2005年为中国跨境并购元年[③]。同样是在2005年这一年，接连发生了中海油并购美国尤尼科、中石油并购哈萨克斯坦石油等一系列中国企业跨境并购重大事件(杨春桃，2014)[④]。何帆(2013)也认为，中国企业在能源和资源领域的跨境并购等对外直接投资，已经引起了国际上的广泛关注。其实，中国能源资源的海外投资，始于20世纪90年代，但在21世纪之后，才引起国际上的注意。尤其是2005年之后，中国能源资源的海外投资增长速度较快，规模越来越大。目前，中国的能源资源海外投资已经遍及西亚、北非、南美、东南亚和中亚。海外石油投资每年可获取2 000万吨的权益油产量；海外铁矿石权益资源则约为8 000万吨，占中国铁矿石进口总量的20%左右[⑤]。可见，自2005年开始快速增长的中国企业跨境并购，集中于能源资源领域，尤其是境外采矿行业。在这样的行业特征背后，跨境资源并购多来自中国国有企业。本书后续对此也有论述。

(2) 从统计数据看中国企业跨境并购浪潮的形成时间。

研究提出中国企业跨境并购浪潮的阶段划分和时间节点，最准确的方法当然是直接的数据统计和分析。本书就此作出数据统计。

数据来源：汤姆逊SDC PLATINUM全球并购数据库。

样本：1990—2012年全部中国企业跨境并购事件。

---

① 余力，刘英.中国上市公司并购绩效的实证分析[J].当代经济科学，2004，(4)：68-74.

② Daniel H.Rosen，Thilo Hanemann.中国对发达经济体的直接投资：欧洲和美国的案例A[M].潘圆圆，译.见：黄益平，何帆，张永生.中国对外直接投资研究.北京：北京大学出版社，2013：277.

③ 张传民.中国国企跨国并购低成功率的原因分析——基于博弈论的分析方法[D].北京：中国青年政治学院博士学位论文，2012.

④ 杨春桃.中国企业海外并购及东道国法律规制典型案例分析[M].北京：首都经济贸易大学出版社，2014：1-4.

⑤ 何帆.中国对外投资的特征与风险[M].见：黄益平，何帆，张永生.中国对外直接投资研究.北京：北京大学出版社，2013：26.

筛选标准：① 并购公告介于 1990 年 1 月—2012 年 12 月；② 中国大陆并购公司和中国境外目标公司，包括中国港澳台地区目标公司；③ 并购交易已完成。

鉴于本书的数据来源和筛选标准，统计数据结果与中国官方数据等其他统计结果未必完全一致，但与本书其他统计数据结合，并参考已有学者的分析，足以印证中国企业跨境并购浪潮阶段划分和时间节点，说明中国企业跨境并购浪潮形成的基本情况。1990—2012 年，中国企业跨境并购交易金额以及平均交易金额，统计数据可见图 1-1；1990—2012 年，中国企业跨境并购交易数量以及披露金额的交易数量，统计数据可见图 1-2。

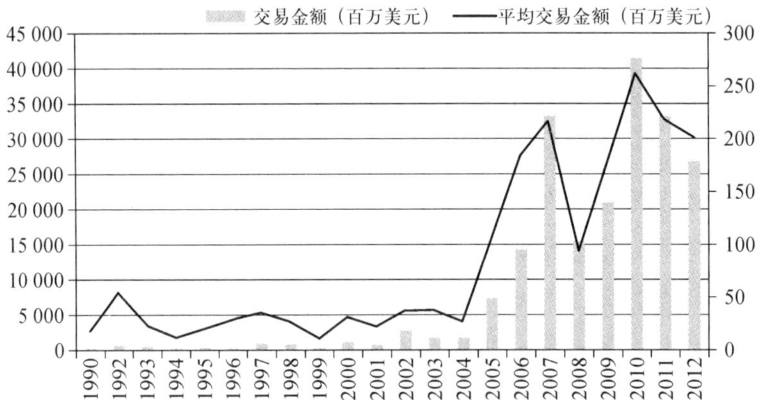

图 1-1　1990—2012 年中国企业跨境并购交易金额以及平均交易金额统计

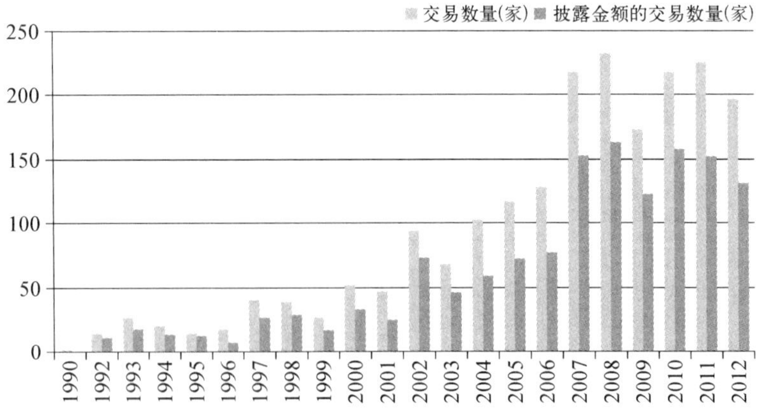

图 1-2　1990—2012 年中国企业跨境并购交易数量以及披露金额的交易数量

根据图 1-1，中国企业跨境并购以交易金额计，跨境并购浪潮形成于 2005 年前后；根据图 1-2，以交易数量计，也可说跨境并购浪潮形成于 2002 年前后；但考虑到 2002 年的交易数量有限，且在交易金额上未形成规模起点，2005 年的交易金额才开始形成规模；因此，以 2005 年前后为时间节点更符合本书的统计数据结果。所以，本书认为，中国企业跨境并购浪潮形成于 2005 年前后，特点为规模化的国有企业的资源并购。本书对于上述规模化的国有企业的资源并购的特点，在下文论及中国企业跨境并购特殊的反向市场动因之资源获取时，会以本书其他的统计数据再次印证并强调说明。

（三）中国企业跨境并购动因的一般性和特殊性

关于中国企业跨境并购动因的一般性和特殊性分析，尤其是跨境并购一般动因的分析，从国外到国内多有雷同，学界的已有研究已经非常全面、完备和成熟。因此，本书对中国企业跨境并购动因的一般性分析主要是归纳和总结学界的已有研究，以期在此基础上，提出本书关于中国企业跨境并购动因的特殊性分析。中国企业跨境并购的特殊动因，以中国的特有方式，构成中国企业跨境并购成败和绩效的国内背景，并对其产生影响，这才是本书所要重点关注的。分析和对比中国企业跨境并购动因的一般性和特殊性，也就是分析和对比国外跨境并购和中国跨境并购动因的相同或不同，中国的不同之处就是中国的特殊之处。

1. 国外跨境并购的动因研究

这里提及的国外关于跨境并购动因的研究，虽也有涉及并购动因、对外直接投资动因，但由于其相关联，并不影响本书所关注的跨境并购动因。且由于动因理论后文另述，本处的归纳和总结主要关注国外跨境并购非理论化的具体动因。下文关于中国企业跨境并购动因的归纳和总结作相同处理。

（1）企业发展的动因。

企业的经济、经营性行为，多可归因于企业发展。所以，有学者从这一角度探究企业并购或跨境并购的动因。如 Patrick A. Gaughan（2004）总结并购动因即认为，并购的最基本动因是寻求企业发展。企业发展包括内部扩张和外部并购。相较于内部扩张，外部并购更迅速，风险更小；相较于跨境创建，跨境并购尤其如此[①]。

从一定意义上讲，企业战略就是企业发展的规划。Sudi Sudarsanam (2013)认为，近年来，公司在国外进行的并购数量显著上升。这种跨境并购由许多战略方面的考虑因素驱动，这些驱动因素与单纯的国内并购并不相同[②]。

当然，企业发展是个总的话题，是一言以蔽之的概括说法。但是，上述关于外部并购速度快和风险小的考量，以及跨境并购的战略考量，也是具体动因。

（2）股市驱动或其他市场异动的动因。

在国外，股市和跨境并购都是由市场决定的，而股市是跨境并购的动因。Andrei Shleifera 和 Robert W. Vishny(2003)认为，股票市场可以驱动并购[③]。Antonios Antoniou 和 Huainan Zhao(2009)也认为，股票市场估值不当和经理人把握市场时机的能力，是并购活动背后的主要驱动力[④]。由此可见，在国外并购中以及在国外并购浪潮中，股票市场可以成为核心推力和动因。

在国外，尤其在发达国家，股票市场之外的其他市场异动，即其他市场如股市般或膨胀式牛市、或断崖式熊市，除经济危机等情形外，并不常见。

（3）市场、资源、品牌、技术等的获取动因。

从一般意义上讲，生产性企业的经营无非三段论：取得原料、进行生产、对外销售。其中，第一阶段的核心要素是资源，第二阶段的核心要素是技术和品牌，第三阶段的核心要素是市场。资源是基础，技术和品牌是关键，但最终的决定性要素则是市场。非生产性企业也可作大致类同的分析。因此，企业跨境并购所要解决的，无非就是上述三个阶段中的要素问题。归纳起来，就是市场、资源、品牌、技术等。

---

① Patrick A. Gaughan.兼并、收购与公司重组[M].朱宝宪，吴亚君，译.北京：机械工业出版社，2010：6.

② Sudi Sudarsanam.并购创造价值(第二版)[M].芮萌，译.北京：中国人民大学出版社，2013：199.

③ Shleifera A.，R. W. Vishny. Stock Market Driven Acquisitions[J]. Journal of Financial Economics，2003，(70)：295-311.

④ Antonios Antoniou，Huainan Zhao.并购的驱动力——一种市场—经理人的理性框架[M].见 Greg N.Gregoriou，Karyn L.Neuhauser.企业并购逻辑与趋势.巴曙松等，译.北京：北京大学出版社，2009：26.

当然,当一家公司发现自己的产品或服务在国外市场有盈利机会时,跨境并购并不是达到目的之唯一选择(Sudi Sudarsanam, 2013)[①]。企业也有其他选择,如出口等。而且企业跨境并购等对外直接投资所服务的市场既可能在东道国,也可能在母国或者第三国(Jeremy Clegg and Hinrich Voss, 2011)[②]。或者说,多数在东道国,因为是就近市场。

尽管有如此多的不同,许多调查和研究却都印证了跨境并购的市场、资源、品牌、技术等的获取动因。以欧洲为例,对欧洲跨境并购动因的调查,结果分别为市场份额、新产品或新服务、规模经济等,寻求市场比其他动因都重要(Sudi Sudarsanam, 2013)[③]。这也说明了市场是企业经营的最终决定要素。

(4) 重大事件的动因。

与经济相关的重大事件,或影响经济的重大事件,既可以在宏观上作为并购或跨境并购浪潮的成因,也能够在微观上成为具体并购或跨境并购的动因。这是同一问题的两个方面。例如,欧洲经济一体化就是并购快速增长的动因(Patrick A. Gaughan, 2004)[④]。其他巨大的经济力量也是跨境并购动因,如欧元区建立、欧盟东扩、欧洲国家国有企业私有化改革等(Sudi Sudarsanam, 2013)[⑤]。重大事件毫无疑问地对并购或跨境并购有推动甚至决定作用。

(5) 财务、税务等其他动因。

财务、税务等因素既可以成为跨境并购的动因,同时,在并购其他公司股份时,其本身就有一类专门的财务性投资,即财务动因也可以是直接的甚至唯一的动因。因此,企业扩张、财务因素、税务因素,都是并购的可能动因(Patrick A. Gaughan, 2004)[⑥]。而财务、税务因素有时又与其他因素一起,

---

① Sudi Sudarsanam.并购创造价值(第二版)[M].芮萌,译.北京:中国人民大学出版社,2013.

② Jeremy Clegg, Hinrich Voss.中欧对外直接投资联系的背后[M].林念,译.见:黄益平,何帆,张永生.中国对外直接投资研究.北京:北京大学出版社,2013.

③ 同①.

④ Patrick A.Gaughan.兼并、收购与公司重组[M].朱宝宪,吴亚君,译.北京:机械工业出版社,2010.

⑤ Sudi Sudarsanam.并购创造价值(第二版)[M].芮萌,译.北京:中国人民大学出版社,2013:203-204.

⑥ 同④.

共同影响企业并购或跨境并购。Isil Erel 等(2012)认为,地理距离近、双边贸易等因素,会增加两国间企业并购的可能性;会计披露质量高、股市走强、本币升值、市价较高等因素,往往使该国企业成为并购公司;会计披露质量相对较低、经济表现弱势等因素,则可能令该国企业成为目标公司①。

(6) 其他的扭曲动因。

跨境并购的其他扭曲动因也可称为非发展性动因。前述企业发展的动因,其跨境并购是为了企业发展。而此处的其他扭曲动因,则未必有利于企业发展,可能倒是其他非发展性动力成为企业跨境并购的主因。未必每个并购都有着同样的企业价值最大化动因(Paul Halpern, 1983)②。并购中,存在非理性冲动等扭曲动因(Sudi Sudarsanam, 2013)③。因此,这里的扭曲动因虽是市场经济条件下发生的,既可能源于企业本身,也可能源于企业决策者,还可能源于企业的外部环境和其他影响。但是,不论具体动因如何,都是市场诱惑下的扭曲,如股市中的非理性扭曲冲动,企业决策者为提高自身薪酬而不合理扩大公司规模而致跨境并购,企业现金流充裕反而促使盲目对外直接投资等,都可能成为企业并购或跨境并购的动因。

(7) 动因的理论化解释和其他研究。

关于跨境并购动因的理论,后文会有专节说明,此处仅简要述及。理论是对经济现象和企业行为的系统化和权威性解释。跨境并购动因理论,与跨境并购其他理论一样,主要形成于国外学者的研究成果。有关跨境并购的动因,国外学者研究了几十年,形成了规模经济理论、价值低估理论等多种解释(林珏,2011)④。

与后文所述的并购理论即是跨境并购理论一样,此处的并购动因理论也是跨境并购动因理论。Karyn L. Neuhauser(2004)总结并购的动因,认

① Isil Erel, Rose C. Liao, Michael S. Weisbach. Determinants of Cross-Border Mergers and Acquisitions[J]. The Journal of Finance, 2012, LXVII(3): 1 045-1 082.

② Halpern, P. Corporate Acquisitions: A Theory of Special Cases? A Review of Event Studies Applied to Acquisitions[J]. The Journal of Finance, Vol.38, No.2, Papers and Proceedings Forty-First Annual Meeting American Finance Association New York, N. Y. December 28-30, 1982 (May, 1983): 297-317.

③ Sudi Sudarsanam.并购创造价值(第二版)[M].芮萌,译.北京:中国人民大学出版社,2013:79-80.

④ 林珏.跨国并购和跨国战略联盟研究[M].上海:上海财经大学出版社,2011:6-10.

为企业并购虽未形成统一理论，但效率理论、市场力理论、代理理论等多获实证支持[①]。

同样，对外直接投资动因理论也是跨境并购动因理论。Luck Hurst(2011)认同邓宁理论的观点，即市场寻求、效率寻求、资源寻求、战略资产寻求为一国对外直接投资四大动因[②]。

许多其他领域的学者对企业并购或跨境并购的动因也有关注和研究。这也说明，企业并购或跨境并购并非绝对的单一领域学术问题。众多领域的学者对企业并购动因产生了越来越多的兴趣(Jerayr Haleblian et al., 2009)[③]。

2. 中国跨境并购的动因研究

中国企业跨境并购的背景或背景式动因，既有国际上的经济全球化、全球金融危机机遇，也有国内的经济发展、外汇储备增长，还有企业在对外直接投资中对跨境并购而非跨境创建的具体选择等。

杨镭(2003)认为，跨境并购迅速发展有深刻的国际背景，经济全球化、技术进步、管制放松、资本市场发展成为推动企业跨境并购的重要动因[④]。林珏等(2011)认为，分析并购动因，从国家战略的角度思考，有能源需求和竞争需要，国际金融危机也为中国企业跨境并购提供了机遇[⑤]。

中国外汇储备促进中国企业跨境并购等对外直接投资。中国外汇储备持续高速增长，既构成国民财富的重要组成部分，又形成中国跨境并购等对外直接投资的背景因素(张斌和王勋，2013)[⑥]。企业对跨境并购或跨境创建

---

① Karyn L. Neuhauser. 兼并与收购. 全球视野[M]. 见：Greg N. Gregoriou, Karyn L. Neuhauser.企业并购逻辑与趋势.巴曙松等，译.北京：北京大学出版社，2009：1.

② Luke Hurst.中国国有企业在经合组织国家与非经合组织国家对外直接投资决定因素的比较分析[M].林念，译.见：黄益平，何帆，张永生.中国对外直接投资研究.北京：北京大学出版社，2013：265.

③ Haleblian, D. J. et al.. Taking Stock of What We Know About Mergers and Acquisitions——A Review and Research Agenda[J]. Journal of Management, 2009, (35): 469-503. Originally published online, 23 February 2009: 469-503.

④ 杨镭.跨国并购与政府规制——兼论中国对外资并购的规制[D].北京：中国社会科学院研究生院博士学位论文，2003：23.

⑤ 林珏.跨国并购和跨国战略联盟研究[M].上海：上海财经大学出版社，2011：60.

⑥ 张斌，王勋.中国外汇储备名义与真实收益率变动的原因[M].见：黄益平，何帆，张永生.中国对外直接投资研究.北京：北京大学出版社，2013：56.

等对外直接投资方式的选择，取决于企业面对的诸多因素。黄嵩和李昕旸(2008)认为，企业不去创建而去并购，可能因为存在 $q<1$ 的企业，以及资源难以复制、速度和竞争等因素①。

在此背景下，中国跨境并购的动因，与国外跨境并购的动因比较，有相同处，即一般性；也有不同点，即特殊性。

(1) 企业发展的动因。

中国跨境并购与国外跨境并购都有企业发展的动因。并购是企业微观决策，其动因可以简单地归纳为为了更好的经济效益(朱宝宪，2004)②。并购来的企业或有使用价值，或有交换价值(黄嵩和李昕旸，2008)③。林珏(2011)的研究认为，有关跨境并购动因的解释很多，有全球化和全球战略需要、特殊国情论等④。

上述分析或解释虽有所不同，但都是企业为了发展而并购或跨境并购。当然，中国企业跨境并购为的是企业发展，同样是一种总括式的概要说法。

(2) 股市驱动或其他市场异动的动因。

与国外股市明显驱动并购不同，中国股市是否成为中国企业国内并购或跨境并购的动因，尚少见明确研究结论，或可说，中国股市驱动并购，尤其是中国股市驱动中国企业跨境并购，或不明显，或不成立。当然，中国上市公司参与并购或跨境并购是另外一个问题。

类似股市的其他市场异动，则有可能成为中国企业跨境并购的核心推力和动因。如国际和中国的铁矿石市场，近一二十年至最近两年，就颇类同中国股市，或持续牛市，或骤转熊市。国际铁矿石市场异动，无疑是中国企业尤其是中国国有企业跨境并购海外铁矿石企业的关键驱动力和主要动因。

(3) 市场、资源、品牌、技术等的获取动因。

中国跨境并购与国外跨境并购都有市场、资源、品牌、技术等的获取动因。

---

① 黄嵩，李昕旸.兼并与收购[M].北京：中国发展出版社，2008：13.

② 朱宝宪.译者序.见 Patrick A.Gaughan.兼并、收购与公司重组[M].朱宝宪，吴亚君，译.北京：机械工业出版社，2010：Ⅲ.

③ 同①.

④ 林珏.跨国并购和跨国战略联盟研究[M].上海：上海财经大学出版社，2011：6-10.

其中，市场是关键。事实上，企业选择跨境并购等对外直接投资的目标国家，往往偏好如下因素：市场大、成本低、法制完善、资源丰富等。这是由其动因决定的（黄益平，2013）[①]。田泽（2010）认为，中国企业跨境并购的动因为对外直接投资驱动、国际战略资源驱动、国际市场驱动、协同效应驱动[②]。

中国更重视服务于国内市场，而日本等发达国家在跨境并购等对外直接投资中则更注重向海外输出产品，反向而行。Sarah Oliver 和 Kevin Stahler（2014）认为，中国跨境并购等对外直接投资，历来关注获取外国技术，或为国内制造业汲取资源和战略资产，而不是像日本那样向海外输出产品[③]。

发展中国家的国有企业尤其偏爱境外国家的资源。联合国贸发会议《2013 年世界投资报告》称，2012 年并购外国资产的国有企业，多数来自发展中国家，动因多为战略资产和自然资源[④]。中国国有企业也是如此。Luke Hurst（2011）研究发现，中国国有企业向发达国家投资，为的是市场；向发展中国家投资，为的是资源[⑤]。

中国民营企业在获取技术的同时，也重视扩大市场。邹建卫（2008）研究认为，我国民营企业跨境并购的动因主要有获取核心技术、借壳上市、扩大市场份额、规避贸易壁垒等[⑥]。以联想并购 IBM PC 为例，其即希望获得 IBM PC 的国际品牌、专家队伍和国际市场份额（Margaret Wang，2009）[⑦]。

中国在欧洲的跨境并购也是例证。杨春桃（2014）认为，专利、品牌及销售管道是中国企业在欧洲并购的主要动因[⑧]。中国银行业的跨境并购也不例外。林珏（2011）的实证分析认为，中国商业银行跨境并购的动因有效率、

---

① 黄益平.对外直接投资的“中国故事”[M].见：黄益平，何帆，张永生.中国对外直接投资研究.北京：北京大学出版社，2013：3-4.

② 田泽.中国企业海外并购理论与实践研究[M].北京：化学工业出版社，2010：79-82.

③ Sarah Oliver，Kevin Stahler.中国 FDI 去哪儿了[R].马翼，译:思想库报告，2014:7-14.

④ 联合国贸易和发展会议.2013 年世界投资报告[R].纽约和日内瓦：联合国，2013.

⑤ Luke Hurst.中国国有企业在经合组织国家与非经合组织国家对外直接投资决定因素的比较分析[M].林念，译.见：黄益平，何帆，张永生.中国对外直接投资研究.北京：北京大学出版社，2013：273.

⑥ 邹建卫.中国民营企业跨国并购研究[D].厦门：厦门大学硕士学位论文，2008.

⑦ Margaret Wang.中国并购的发展趋势——纵观联想收购 IBM 个人计算机并购案[M].见 Greg N.Gregoriou，Karyn L.Neuhauser.企业并购逻辑与趋势.巴曙松等，译.北京：北京大学出版社，2009：275-276.

⑧ 杨春桃.中国企业海外并购及东道国法律规制典型案例分析[M].北京：首都经济贸易大学出版社，2014：75.

利润、市场、经营模式转变等[1]。

中国企业跨境并购的市场、资源、品牌、技术等的获取动因有一个重要特征，即获取国外资源、品牌和技术，更主要是为了服务中国国内市场，因为中国企业本身在跨境并购中不具备优势或缺乏优势，难以根据优势而开拓海外市场。这与邓宁的国家生产折衷理论——企业因“O＋I＋L”优势而对外直接投资——并不相符；也与其他国家企业跨境并购中多以技术、品牌、资源开拓海外市场反向而行。本书后文对此有专门的论述。

(4) 重大事件的动因。

正如本书在中国并购浪潮等处提及的，对于中国企业跨境并购而言，与经济相关或影响经济的重大事件，既可能是时代背景，又可能是时间节点，还可以成为驱动动因。如前文所述的世界经济全球化以及企业跨国公司化，不仅促进中国企业对外直接投资，更直接促进了中国企业对外直接投资中更多选择跨境并购。何志毅和柯银斌(2010)认为，在全球化背景下，跨国公司是企业存在的“常态”。作为后来者的中国企业，由于竞争与时间原因，多倾向于以跨境并购的方式成为跨国公司[2]。但是，重大事件成为中国企业跨境并购的动因也有中国式特点，即政府秩序代替市场秩序，政府主导明显，政治性强。本书后文对此也有专述。

(5) 财务、税务等其他动因。

中国企业跨境并购既可能有财务、税务等考量，也可能有境外财务性投资。即财务、税务考量可以成为企业并购或跨境并购的动因。夏新平等(2007)认为，资产收益率是并购动因的重要特征变量[3]。而境外财务性投资可为外汇资产保值增值。李俊杰(2013)认为，中国企业的境外财务性投资主要为外汇资产保值增值[4]。

(6) 其他的扭曲动因。

跨境并购的其他扭曲动因不仅是中国的现象，也是其他发展中国家的现

---

① 林珏.跨国并购和跨国战略联盟研究[M].上海：上海财经大学出版社，2011：68.

② 何志毅，柯银斌.中国企业跨国并购10大案例[M].上海：上海交通大学出版社，2010：序言1.

③ 夏新平，邹朝辉，潘红波.不同并购动机下的并购绩效的实证研究[J].统计与决策，2007，(1)：79-80.

④ 李俊杰.中国企业跨境并购[M].北京：机械工业出版社，2013：3-5.

象。发展中国家跨境并购等对外直接投资至少有部分原因是经济结构扭曲所致(王勋,2013)[①]。因此,发达国家的扭曲动因多指非理性冲动,尤指股市驱动及股市牛市时;中国的扭曲动因与其他发展中国家一样,多由经济结构所致。例如,中国国有企业对海外资源的单一集中并购;中国非国有企业(尤其是民营企业)则境外并购乏力,等等,均由中国经济结构扭曲所致。

(7) 动因的理论化解释和其他研究。

关于动因的理论化解释,后文会有说明,此处仅简要述及。中国学者并未就此形成系统化、有国际影响力的理论体系,而是多引用邓宁的海外投资四动因论。李飞(2012)认为,邓宁的海外投资四动因理论,即资源、市场、效率、战略动因,在中国同样具有意义[②]。

也有中国学者以西方的企业并购动机四组理论,解释中国企业并购或跨境并购。余力和刘英(2004)认为,西方经典的企业并购动机四组理论(协同效应理论、自大理论、代理理论、再分配理论)对中国企业并购有一定的解释力和适用性[③]。

还有中国学者借鉴国外理论并结合中国实际,进行理论拓展。王碧珺和黄益平(2013)提出了中国跨境并购等对外直接投资的生命周期假说,即随着经济的发展,一国跨境并购等对外直接投资会有渐次的模式转换,决定因素是成本和技术[④]。冯维江等(2012)也持此说[⑤]。

(8) 中国的特殊动因。

中国的特殊动因源自中国的特殊国情,国家和政府在经济中起主导作用,甚至以政府秩序代替市场秩序;国有企业在经济中占核心地位,甚至因国有企业垄断而影响非国有企业的发展。需要说明的是,本书所强调的中国的特殊动因,相对于跨境并购的国际市场秩序而言,其为非常态、具有特

---

① 王勋.发展中国家对外直接投资:基于金融抑制视角的分析[M].见:黄益平,何帆,张永生.中国对外直接投资研究.北京:北京大学出版社,2013:52.

② 李飞.中央企业境外投资风险控制研究[D].北京:财政部财政科学研究所博士学位论文,2012.

③ 余力,刘英.中国上市公司并购绩效的实证分析[J].当代经济科学,2004,(4):68-74.

④ 王碧珺,黄益平.是否存在对外直接投资的生命周期——基于中国企业层面的经验分析[M].见:黄益平,何帆,张永生.中国对外直接投资研究.北京:北京大学出版社,2013:154.

⑤ 冯维江,姚枝仲,冯兆一.开发区“走出去”:中国埃及苏伊士经贸合作区的实践[M].见:黄益平,何帆,张永生.中国对外直接投资研究.北京:北京大学出版社,2013:362-363.

殊性;但相对于中国国内经济秩序而言,则为常态、为主流,并无特殊性。

余力和刘英(2004)认为,中国并购最重要的动因是政府推动和获取资源要素[①]。因此,中国企业并购或跨境并购最重要的特征即是政府推动和资源获取。本书后文将之总结为政府导向动因和反向市场动因。跨境并购中,政府推动和资源获取有一个共同的企业特征,即多是国有企业所为。王碧珺(2013)认为,中国企业跨境并购等对外直接投资,不为海外生产,而为国内生产;不因现有优势,而为将来实力[②]。此即为中国企业跨境并购反向市场动因的典型表现,与多数国家的多数企业,尤其是发达国家的企业以跨境并购等对外直接投资开拓海外市场反向而行。

在政府导向和反向市场中,跨境并购特殊动因的主要体现和实施者就是国有企业。孙加韬(2005)认为,中国企业跨境并购多数利用的是自身制造和市场优势。国有企业关注政治正确甚于经济增长,其并购领域也是国有资产最集中的[③]。所以,在中国企业的跨境并购中,中国市场因素虽然起了重要作用;但同时,国有企业所为重在追求政治方向正确,甚于追求企业的经营发展。因此,沿政府导向而行永远是政治方向正确的保障,因而必然成为国有企业的首要和优先选择。

在国有企业核心和垄断地位之下,非国有企业的发展受到影响。宋泓(2013)认为,中国民营企业在非洲投资,最重要的所有权优势和特征就是强烈的企业家精神。中国民营企业投资非洲,与中国多样化的产业基础和市场密切联系,这一联系为其投资提供了强大支持,这即是母国特色优势[④]。可见,中国非国有企业对外直接投资(包括跨境并购),虽也受益于中国市场,但其最重要的优势仅是强烈的企业家精神而已。中国人传统的吃苦耐劳、拼命敢为、做事业、求发展的精神,在民营企业对外投资(包括跨境并购)中得到集中体现。

---

① 余力,刘英.中国上市公司并购绩效的实证分析[J].当代经济科学,2004,(4):68-74.

② 王碧珺.被误读的官方数据[M].见:黄益平,何帆,张永生.中国对外直接投资研究.北京:北京大学出版社,2013:115-116.

③ 孙加韬.中国企业海外并购的风险防范与化解[J].亚太经济,2005,(1):42-45.

④ 宋泓.中国民营企业对外直接投资与非洲的海外华人网络[M].王碧珺,译.见:黄益平,何帆,张永生.中国对外直接投资研究.北京:北京大学出版社,2013:339-343.

在政府主导下，企业以及企业的经济行为有手段化、工具化的可能。李增泉等(2005)认为，中国上市公司对非上市公司的并购，是地方政府和控股股东支持或掏空上市公司的一种手段①。这说明，中国企业(尤其是中国国有企业)可以是甚至必须是政府的工具之一，并购或跨境并购有时只是政府工具的使用。

以政府秩序代替市场秩序，并购或跨境并购难免乱象丛生。余力和刘英(2004)认为，中国企业并购还存在特殊动因，一级市场买壳重组，二级市场坐庄获利，廉价并购后高价增发，股东以控制权优势进行资产套现等②。

3. 中国企业跨境并购动因的一般性

对比中国企业跨境并购的动因与外国企业跨境并购的动因，两者具有诸多相同处，这就是中国企业跨境并购动因的一般性。如跨境并购的企业发展的动因，市场、资源、品牌、技术等的获取动因，重大事件的动因，财务、税务等其他动因以及其他的扭曲动因等。略微不同的是股市驱动或其他市场异动的动因。国外企业的跨境并购，股市是核心驱动力和动因，这种情况在中国的股市和中国企业跨境并购中少见证明或体现。当然，如上所述，其他市场异动的动因在中国企业跨境并购中也是存在的，且具有中国式特点。

本书的重点在于对比并说明中国企业跨境并购动因的一般性，是为了分析并强调下述中国企业跨境并购动因的特殊性，并认为后者才更主要地构成中国企业跨境并购成败和绩效的国内背景，对其有更多的影响和作用。

4. 中国企业跨境并购动因的特殊性及其认识意义

对比中国企业跨境并购的动因与外国企业跨境并购的动因，两者也有诸多不同点，这就是中国企业跨境并购动因的特殊性。在前述对比分析中，本书已初步总结中国企业跨境并购特殊的政府导向动因和反向市场动因。此外，中国企业跨境并购等对外直接投资中，资本离境现象也因其普遍性而变得更为重要。

---

① 李增泉，余谦，王晓坤.掏空、支持与并购重组——来自我国上市公司的经验数据[J].经济研究，2005，(1)：95-104.

② 余力，刘英.中国上市公司并购绩效的实证分析[J].当代经济科学，2004，(4)：68-74.

(1) 中国企业跨境并购政府导向的动因及其认识意义。

① 中国企业跨境并购政府导向的动因。

中国企业并购或跨境并购,政府导向成为动因,前文已有总结。且如前所述,在中国国内,政府导向和国企主导不为特色,是为常态。但是,在中国企业跨境并购中,政府导向和国企主导则为特色,非常态,与大多数国家的大多数企业不同,此为中国企业跨境并购动因的特殊性。

因此,国内经常出现这样的公共经济信息也就不足为奇了。2006 年年底,中国国有资产监督管理委员会提出消减中央国有企业的数量,到 2010 年做不到行业前三名的央企,将被强制重组,央企因之快捷并购,疯狂扩张,大量地方国有企业被央企并购。也有学者对此进行研究,如梁晓路(2011)分析 2006—2010 年,我国中央国有企业因国资委的政府导向而致的大规模重组,并购地方国有企业是其主要形式,地方国有企业和政府积极主动回应,原因在于并购对地方政府收益增强有积极影响[①]。

中国企业跨境并购的政府导向,是一体两面的,但本质同一,即政府导向、国企主导、政府决定战略、国企具体实施。这在中国企业跨境并购中是一个常见现象。因为中国国有企业跨境并购等对外直接投资,既有经济动因,也有政治动因,如证明能力和创造政绩等。中国政府对塑造中国跨境并购等对外直接投资结构的作用至关重要(宋立刚等,2013)[②]。所以,本书总结的中国企业跨境并购之政府导向动因的重点不在于如何论证,而在于怎样全面认识。

② 中国企业跨境并购政府导向动因的意义。

(a) 政府的积极作用。政府导向能引导社会经济发展,自然有其积极作用。中国政府对中国企业跨境并购等对外直接投资的态度,从过去保守谨慎到逐步支持鼓励,已经发生了根本变化(张映雪,2011)[③]。这种根本变化无疑有利于中国企业跨境并购等对外直接投资。这说明政府秩序对市场

① 梁晓路.国有企业并购绩效与政府干预并购的动因研究[D].成都:成都理工大学博士学位论文,2011.

② 宋立刚,杨继东,张永生.中国国有企业对外直接投资与体制改革[M].苟琴,译.见:黄益平,何帆,张永生.中国对外直接投资研究.北京:北京大学出版社,2013:207-214.

③ 张映雪.中国企业海外并购中政府监管与服务法律问题研究[D].上海:上海社会科学院硕士学位论文,2011.

秩序的阻碍作用也在减少。

(b) 政府作用之质疑。政府以经济战略、长期国策甚至政治战略、政党战略的方式引导具体的经济行为，甚至决定企业的具体经营，以期达到经济聚集、快速发展的效应，其作用令人质疑。中国企业跨境并购等对外直接投资，与中国促进对外直接投资的“走出去”战略和国策不仅没有完全正相关，有些方面甚至负相关。

中国 1999 年提出“走出去”战略，并将之写入第十个五年计划。由此，成为一项长期国策。2000 年，中国共产党十五届五中全会也明确该战略。2009 年的中国《政府工作报告》提出，继续实施“走出去”战略，支持各类有条件的企业对外投资和开展跨境并购。中国的国家发改委多次联合银行和保险公司发文，定向支持境外投资重点项目。中国的商务部也单独或联合相关机构，以低息贷款、税收减免、财政补贴等方式，帮助和支持企业开展海外投资。

但是，中国对外直接投资（包括中国企业跨境并购）在 2000 年作为国家战略和长期国策之后，横向比较其他国家，纵向比较本国数据，均呈现不进反退的态势。中国跨境并购等对外直接投资在 20 世纪 90 年代没有“走出去”政策时，占比 GDP 的份额高于印度；在 21 世纪前 10 年，有了“走出去”政策后，印度对外直接投资占比 GDP 份额的增长反而快于中国。比较日本和韩国，中国政府推动影响跨境并购等对外直接投资的效果同样令人质疑（Min Ye, 2013）[①]。中国跨境并购等对外直接投资表现负面，与 2000 年前相比，跨境并购等对外直接投资在经济中的比重、部门强度均下降；最重要的是，私有企业跨境并购等对外直接投资的代表性严重不足（Min Ye, 2013）[②]。

有学者对此进行分析，探求原因。为什么国家和政府大力支持的，市场和企业会不进反退？杨柳勇和张晶晶（2012）认为，2008 年“走出去”战略加快实施，中国跨境并购数量迅速上升，并购绩效有所下降，政治干预度、并购方资产规模、贷款比率的变动均导致并购绩效下降，主要原因是政府寻租的

① Min Ye.中国内部制度如何影响对外直接投资[R].张琨，译.思想库报告，2013：9-23.
② 同上：30.

增加,以及大企业非经济目的投资行为的增加[①]。杨春桃(2014)认为,中国企业跨境并购依然外行,与欧美企业相比,中国企业投资并购时在技术上处于绝对劣势;即便与同为发展中国家的印度相比,中国的跨境并购总额不及印度的40%,且成功的比例差距悬殊[②]。

总之,在中国国家战略和长期国策下,在政府支持下,中国企业跨境并购的宏观和微观状况依然不佳,甚至更差。政府导向动因的效果令人质疑。

(c) 政府的消极作用。政府导向、国企主导的消极作用更趋明显。国有企业跨境并购等对外直接投资过多集中于资源和原材料,其非资源类跨境并购等对外直接投资在过去十年间未显示上涨势头,这是国企对境外投资政治风险的回避,以及对国内垄断市场易获利润的依赖(Min Ye,2013)[③]。政府导向不仅可以强力推动,也可以大行阻碍,这是一体两面的问题。民营企业跨境并购等对外直接投资,面对国际市场稍纵即逝的商机,政府审批是最大障碍,政府以审批之名行干预之实,却又不负干预之责(张映雪,2011)[④],使企业在有些并购尤其是跨境并购中进退无据,不知所向。

(d) 政府作用之应为。西方国家政府在并购中以社会管理者的身份依法有限干预。西方式并购完全可以说是市场决定的。市场决定的有利之处在于,资源配置取决于市场,更趋合理,效果更佳。

中国政府在并购(包括跨境并购)中以资产控制人和社会管理者的双重身份积极过度地干预。因此,中国式跨境并购在一定意义上可以说是政府塑造的。政府塑造的不利之处在于,若资源配置取决于政府,其未必合理,效果也难佳。王利月和张丙宣(2010)认为,政府与市场关系的本质问题,是政府和市场两种秩序的问题,应推动政府治理模式,从直接以行

---

① 杨柳勇,张晶晶.企业政治关联与跨国并购绩效:基于中国并购方数据[R].广州:中山大学第三届全国金融学博士生论坛,2012.

② 杨春桃.中国企业海外并购及东道国法律规制典型案例分析[M].北京:首都经济贸易大学出版社,2014:121.

③ Min Ye.中国内部制度如何影响对外直接投资[R].张琨,译.思想库报告,2013:9-23.

④ 张映雪.中国企业海外并购中政府监管与服务法律问题研究[D].上海:上海社会科学院硕士学位论文,2011.

政手段干预经济运行，转变到建立有限、责任、法治的现代政府[①]。在中国企业跨境并购中，政府定位应着重于产权保护、扶持监管和融资创新（王海，2007）[②]。

事实上，如何避免中国企业跨境并购中政府导向的消极作用，已有良好实例，比如上海自贸区。上海自贸区的负面清单、备案制和事后监管，让中国企业和国际企业站在同一条起跑线上，完全没有因为审批方面的时间成本或不确定性造成竞争力下降[③]。但是，由于中国经济的固有和本质特点，政府是商业的主人，国企是政府的代表，因此，在中国企业跨境并购等对外直接投资中，政府导向、国企主导的消极作用难以从根本上避免，会与中国经济的特点共存。

③ 中国企业跨境并购制度背景的变化。

中国企业跨境并购，受政策面的影响比较明显；对于国有企业跨境并购，这种影响甚至可以说是决定性的。在本书研究的时间跨度内，虽然中国的宏观经济和政策导向有所变化，尤其是宏观经济甚至发生了很大的变化，但从制度背景而言，对中国企业跨境并购影响明显的，主要是两个确定性的变化：一个是政府从保守到支持的变化；另一个是在此基础上所提出来的"走出去"战略。"走出去"战略自其提出至今，已超过十五年，并在此期间多次得到强调。因此，这是中国企业跨境并购制度背景变化下的影响明显的确定性因素，本书对该因素予以特别关注。

中国企业跨境并购中，政府导向动因的消极作用是本书预判和分析中国企业跨境并购成败和绩效的背景和依据之一。

（2）中国企业跨境并购的反向市场动因及其认识意义。

① 中国企业跨境并购的反向市场动因。

（a）反向市场的含义。跨境并购所服务的市场一般在东道国，既是对

---

① 王利月，张丙宣.企业重组、政府作用与市场秩序——对近年来国内几个钢企并购案的分析[J].浙江大学学报（人文社会科学版），2010，(9)：16-25.

② 王海.中国企业海外并购经济后果研究——基于联想并购 IBMPC 业务的案例分析[J].管理世界，2007，(2)：95-119.

③ 江玮，慕丽洁.赵令欢详解弘毅收购英国披萨品牌：9 亿英镑打造"内敛式"海外投资新典型[J].21 世纪经济报道，2014，(23)：3.

外开拓市场,又是就近服务市场,诸多有益,尽在其中。在诸多领域,尤其是资源类并购中以及品牌和技术获取后,中国企业跨境并购主要服务于中国市场。这种中国企业跨境并购的反向市场动因至少有三种表现:跨境并购的目的,是为中国市场提供资源、能源和原材料;跨境并购获取的国外企业的品牌和技术,主要服务于中国市场,以提升中国企业在中国市场的形象和影响;以中国市场的利润弥补国外市场的亏损,即以中国市场支持或支撑国外市场。三者有所区分,但又互相关联,尤其是后两者。

(b) 关于反向市场动因的资源获取。本书首先以统计数据说明中国企业跨境并购中资源类并购的情况。数据来源:汤姆逊 SDC Platinum 全球并购数据库。样本:1990—2012 年全部中国企业跨境并购事件。筛选标准:并购公告介于 1990 年 1 月至 2012 年 12 月;中国大陆并购公司和中国境外目标公司,包括中国港澳台地区目标公司;并购交易已完成。

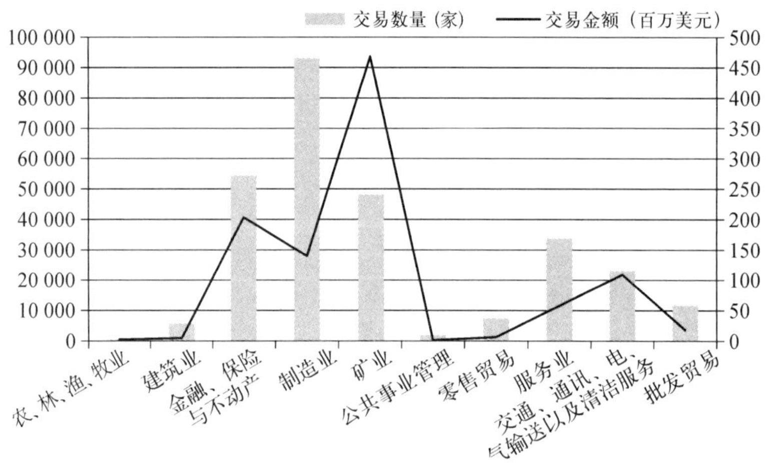

图 1-3 1990—2012 年中国企业跨境并购各行业交易数量和交易金额

中国企业跨境并购行业比较,根据图 1-3,虽然在交易数量上制造业更多,但其交易金额与采矿业差距很大;即使金融、保险与不动产合计,其交易金额也与采矿业差距过半。据此,确认中国企业跨境并购主要集中于采矿业,主要为国内提供资源应可成立;至少在交易金额上完全成立。

这与前述论及中国企业跨境并购 2005 年浪潮时,规模化的国有企业资源的跨境并购正相符合；也与下述其他学者的研究是一致的。顾露露和Robert Reed（2011）采集1994—2009年中国企业跨境并购的数据，统计106家中国企业的157个样本，发现受政府“走出去”指导，中国企业并购金额的约67％集中于能源和自然资源类[①]。中国对澳大利亚的投资，更是很好地说明了这个问题。截至2010年的6年间，中国企业对澳大利亚投资累计340亿美元，其中大部分投向了资源行业。因此，尽管澳大利亚是一个相对较小的经济体，却是中国跨境并购等对外直接投资的最大东道国，大于中国对任何一个国家的投资，等于中国对欧洲投资总和（Peter Drysdale，2013）[②]。

（c）关于反向市场动因的品牌和技术获取。中国市场无疑是中国优势，为中国经济发展提供了动力，也为中国企业发展提供了条件。中国企业跨境并购，中国市场也是其动因。人均GDP和市场规模庞大，可以产生规模经济，也可引致跨境并购（林珏，2011）[③]。

弘毅投资的下述并购实例，即是获取品牌和技术并反向服务于中国市场的最好说明。2014年7月12日，联想控股旗下的弘毅投资斥资约9亿英镑全资并购英国餐饮品牌PIZZA EXPRESS，成为欧洲餐饮行业过去五年中金额最大的并购案。其实，早在2008年9月，弘毅就联合其他财务投资人与中联重科一起并购了全球领先的混凝土设备制造商CIFA的全部股权。弘毅投资并购PIZZA EXPRESS，一方面是看好其未来在英国的发展潜力，另一方面是想把健康的饮食理念引入中国和亚洲市场。弘毅的竞价中体现出了中国市场所带来的优势，中国市场的加入会把PIZZA EXPRESS做成既有稳健历史的模式，又能进入高速增长的轨迹。弘毅总结其中国式跨境投资之路，归纳为外向型和内敛型，外向型投资以其联合中联重科并购CIFA为代表，内敛式投资的典型则是PIZZA EXPRESS项目。因为中国有世界上最好的市场，GDP的高速增长推动内需持续增长，老百姓对食品安全和质量都有要求。这些项目既能引入国际技术和品牌服务于

---

① 顾露露，Robert Reed.中国企业海外并购失败了吗？［J］.经济研究，2011，(7)：116-127.

② Peter Drysdale.新解中国在澳大利亚投资［M］.党韦华，译.见：黄益平，何帆，张永生.中国对外直接投资研究.北京：北京大学出版社，2013：305 315.

③ 林珏.跨国并购和跨国战略联盟研究［M］.上海：上海财经大学出版社，2011：54-56.

中国市场，同时又服务于消费升级和城镇化催生的市场机会[①]。其实，前述例证中，弘毅投资所说的外向型跨境并购，又何尝不是以外国的品牌和技术更好地服务于中国市场？也就是说，其所归纳的外向型和内敛型跨境并购，都是为了寻求外国的品牌和技术，最终提升其在中国市场的企业信誉和形象。

(d) 关于反向市场动因的以中国市场支持或支撑国外市场。王碧珺和王耀辉(2012)分析发现，中国企业跨境并购具有特属母国优势，可获得国内的强大支持。中国本身市场巨大，如果中国企业海外市场亏损，其可通过国内市场利润弥补[②]。如 TCL 并购法国汤姆逊、阿尔卡特，不仅是以国内市场利润支持，而且后来也正是国内市场的支撑，才使 TCL 因并购失败而陷入困境时，仍能延续并存活，使今日的中国市场仍有 TCL。

② 中国企业跨境并购反向市场动因的认识意义。

一方面，中国企业跨境并购反向市场动因，说明中国企业跨境并购中对中国市场因素的倚重和依赖。中国市场对中国企业跨境并购有很大的助益作用。这是中国的市场因素对中国企业跨境并购的推动和积极作用。当然，中国企业为此更应该充分重视中国市场，服务好中国市场。另一方面，中国企业跨境并购时对中国市场因素的过多依赖，说明中国企业跨境并购尚处于低端层次、初级阶段，因其与多数国家的以跨境并购等对外直接投资开拓海外市场，正好是反向而行的。而且，获得资源，取得品牌和技术，以中国市场利润弥补国外市场亏损，本身就说明了中国式跨境并购的低端层次和初级阶段，也说明中国企业跨境并购不具备或不充分具备后文介绍的邓宁理论的“O＋I＋L”优势和条件。

中国企业跨境并购中反向市场动因所说明的中国式跨境并购低端层次和初级阶段，是本书预判和分析中国企业跨境并购成败和绩效的背景和依据之一。

---

① 江玮，慕丽洁.赵令欢详解弘毅收购英国披萨品牌：9 亿英镑打造“内敛式”海外投资新典型[J].21 世纪经济报道，2014，(23)：3.

② 王碧珺，王耀辉.中国制造业企业对外直接投资：模式、动机和挑战[M].见：黄益平，何帆，张永生.中国对外直接投资研究.北京：北京大学出版社，2013：133-139.

(3) 中国企业跨境并购的资本离境动因及其认识意义。

① 中国企业跨境并购的资本离境动因。

本书所述的资本离境，指资本在投资中对离岸金融中心或类似区域等的选择，可达到规避监管或避税的效果。联合国贸易和发展会议于《2013 年世界投资报告》中称：通过离岸金融中心进行投资，是一个令人关注的问题；离岸金融中心在全球直接外资流量中所占的份额约为 6%[①]。这说明资本离境本是正常现象。但是，中国对外投资（包括跨境并购）中的资本离境，因其相对占比和绝对数额两项超高指标，已变为不正常，应予关注。

中国的资本离境与中国香港关联。香港地区在诸多方面都是内地的一个窗口和桥梁。李国学(2013)认为，自改革开放以来，中国香港地区一直是中国企业最大的包括跨境并购在内的对外直接投资目的地。香港地区的进入成本、融资便利、市场信息、管理经验等，可为中国内地企业提供诸多良好条件[②]。香港地区的资本规制特点是中国式资本离境现象的条件之一。香港地区政府对投资不加限制，资本进出完全自由，当地资本和外来资本在管理和税收上同等待遇，致港内企业已达 30 多万家（杨春桃，2014）[③]。因此，中国跨境并购等对外直接投资在 1997—2002 年有 50%以上流向香港地区；在 2008 年该比例几乎达 75%。如果综合中国香港、英属维尔京群岛和开曼群岛就会发现，最近几十年里中国跨境并购等对外直接投资绝大多数都流向了上述三地（Min Ye，2013）[④]。学者研究得出的结论与中国官方数据可互为印证。根据中国官方数据，商务部、国家统计局、国家外汇管理局联合发布的《中国对外直接投资统计公报》，中国跨境并购等对外直接投资流向中，中国香港、英属维尔京群岛和开曼群岛占总额的比例分别为：2009 年 75.4%[⑤]、

① 联合国贸易和发展会议.2013 年世界投资报告[R].纽约和日内瓦：联合国，2013.

② 李国学.制度约束与对外直接投资模式[M].见：黄益平，何帆，张永生.中国对外直接投资研究.北京：北京大学出版社，2013：130.

③ 杨春桃.中国企业海外并购及东道国法律规制典型案例分析[M].北京：首都经济贸易大学出版社，2014：169.

④ Min Ye.中国内部制度如何影响对外直接投资[R].张琨，译：思想库报告，2013:9-30.

⑤ 商务部，国家统计局，国家外汇管理局.2009 年度中国对外直接投资统计公报[R].北京：中华人民共和国商务部，中华人民共和国国家统计局，国家外汇管理局，2010.

2010年70%[①]、2011年62.7%[②]、2012年61.9%[③]，均超过一半以上。

但更重要的在于，中国企业跨境并购等对外直接投资绝大多数流向中国香港、英属维尔京群岛和开曼群岛，有的只是一个过桥现象。王碧珺(2013)研究认为，中国跨境并购等对外直接投资，所有流向英属维尔京群岛和开曼群岛的，都登记为“商业服务业”，流向香港的约三分之一也登记为“商业服务业”；“商业服务业”投资大多以上述三地为中转地，最终流向第三地；中国政府官方数据公布了中国跨境并购等对外直接投资第一目的地，却无从知晓其最终目的地[④]。下述事例，更可说明这一现象。加那利群岛是著名的避税天堂，没有任何有吸引力的资产。但是，2008年中国企业在该岛的投资为15.24亿美元，2006年更曾高达78.32亿美元，而同期美国对澳大利亚的投资也不过18.92亿美元(Luke Hurst, 2011)[⑤]。

中国式资本离境的原因之一就是，中国的跨境并购等对外直接投资是由国有企业主导，民营企业等非国有企业受限，其资金选择曲折，如返程再投资、离境再投资等。宋立刚等(2013)指出，中国跨境并购等对外直接投资中，民营企业诸多受限是中国式“返程投资”现象的关键原因之一[⑥]。即中国资本以跨境并购等对外直接投资，流向中国香港、英属维尔京群岛和开曼群岛等，其中又有部分“返程投资”于中国大陆。于是，同一笔资金先是以中国的对外直接投资形式汇出，后以外商对华投资形式汇入。资本曲折进出，只为规避或利用中国的法律和政策。

---

① 商务部，国家统计局，国家外汇管理局.2010年度中国对外直接投资统计公报[R].北京：中华人民共和国商务部，中华人民共和国国家统计局，国家外汇管理局，2011.

② 商务部，国家统计局，国家外汇管理局.2011年度中国对外直接投资统计公报[R].北京：中华人民共和国商务部，中华人民共和国国家统计局，国家外汇管理局，2012.

③ 商务部，国家统计局，国家外汇管理局.2012年度中国对外直接投资统计公报[R].北京：中华人民共和国商务部，中华人民共和国国家统计局，国家外汇管理局，2013.

④ 王碧珺.被误读的官方数据[M].见：黄益平，何帆，张永生.中国对外直接投资研究[M].北京：北京大学出版社，2013：111.

⑤ Luke Hurst.中国国有企业在经合组织国家与非经合组织国家对外直接投资决定因素的比较分析[M].林念，译.见：黄益平，何帆，张永生.中国对外直接投资研究.北京：北京大学出版社，2013：268.

⑥ 宋立刚，杨继东，张永生.中国国有企业对外直接投资与体制改革[M].苟琴，译.见：黄益平，何帆，张永生.中国对外直接投资研究.北京：北京大学出版社，2013：207-214.

② 中国企业跨境并购资本离境动因的认识意义。

资本离境本身属正常行为，根据上述的全球2013年统计数据，其占比对外直接投资6%左右。但是，中国的占比和绝对数额使这个问题变得异常，应予重视。当然，这是资本自由流动的表现，是市场对资本吸引的表现，更是中国资本规避或利用中国法律和政策的表现。上述的“返程投资”就是例证，是民营资本对政府导向、国企主导的规避。因此，资本离境与政府导向、反向市场，尤其是与政府导向相关联，不是同向相关联，而是规避性的逆向相关联。

资本离境现象对中国企业跨境并购有影响。无论是从统计数据上或原因分析上，还是从流程上和效果研究上，这一现象都会影响甚至曲解中国企业跨境并购的实际情况，甚至使之更加复杂。其构成中国企业对外直接投资（包括跨境并购）非常独特的动因，即资本为规避政府管制，以对外投资、跨境并购路径，离境他去，不知所向。中国企业跨境并购中，资本离境动因与政府导向动因、反向市场动因相关联，共同构成中国企业跨境并购的特殊动因，也共同构成本书预判和分析中国企业跨境并购成败和绩效的背景和依据。

5. 中国企业跨境并购动因特殊性总结

中国企业跨境并购特殊的政府导向动因、反向市场动因、资本离境动因，共同反映了中国企业跨境并购中的三个关键词，即政府、国企、资源。这既与前述中国企业跨境并购2005年浪潮分析中的规模化的国有企业的资源并购相符，也与下述中国企业跨境并购风险特殊性分析中三个关键词（中国、国企、资源）一致。

（四）中国企业跨境并购风险的一般性和特殊性

关于中国企业跨境并购风险的一般性和特殊性分析，从国外到国内，学界的已有研究已经非常全面、完备和成熟。因此，本书对中国企业跨境并购风险的分析，主要是归纳和总结学界的已有研究，并在此基础上重点关注中国企业跨境并购风险的特殊性。中国企业跨境并购风险的特殊性或称特殊风险，以中国的特有方式，构成中国企业跨境并购成败和绩效的主要背景，并对其产生影响，而这正是本书所要关注的。分析中国企业跨境并购风险的一般性和特殊性，也就是对比国外跨境并购和中国跨境并购风险的相同或不同，相同为一般性，不同为特殊性。本书在此基础上，以中国企业跨境并购流程和风险三阶段模型，归纳中国企业跨境并购风险的一般性；以中国企业跨境并购三个关键词（中国、国企、资源），归纳中国企业跨境并购风险的特殊性。

1. 从并购流程看并购风险

（1）并购流程是一个整体过程。

并购流程是一个整体过程，只有把握整体并购流程，才能控制并购风险。Sudi Sudarsanam（2013）认为，应该把并购看作一个有一系列需要理解的规则和有效实施的过程，而不是一项交易，这样才能理解其中蕴含的线索[①]。并购流程、并购活动、并购风险、并购结果，互相影响，共为一体。David B. Jemison 和 Sim B. Sitkin（1986）认为，并购流程是并购活动和结果的潜在的重要的决定因素[②]。并购流程是动态的，不同的阶段有不同的风险。Sudi Sudarsanam（2013）认为，并购是一个多阶段的动态过程，并购的每一个阶段都会遇到不同的问题和挑战[③]。

从并购流程看并购风险，才能从整体上确定有效的并购战略。Sudi Sudarsanam（2013）强调，用整体的观点看待并购过程，才能加强各个阶段的联系，并设定有效的并购价值创造战略[④]。

（2）并购流程的相对阶段划分。

并购流程是一个整体过程，但也有相对阶段的划分。当然，不同的阶段又有内在联系。Sudi Sudarsanam（2013）认为，我们需要了解并购过程和它的不同阶段，理解这些不同阶段的内在联系，不能将每个阶段看作决定并购成败的单独决定因素[⑤]。

有学者从并购流程全视角划分并购阶段。黄嵩和李昕旸（2008）就把并

---

① Sudi Sudarsanam.并购创造价值（第二版）[M].芮萌，译.北京：中国人民大学出版社，2013：第一版序言 1.

② David B. Jemison, Sim B. Sitkin. Corporate Acquisitions: A Process Perspective [J]. Academy of Management Review, 1986, 11(1): 145-163.

③ Sudi Sudarsanam.并购创造价值（第二版）[M].芮萌，译.北京：中国人民大学出版社，2013：14.

④ 同上书：8.

⑤ 同上书：2.

购流程阶段划分为：确定并购战略；明确并购目标；设计并购计划并组建并购小组；估值；尽职调查；融资；选择支付方式；时机；并购后的整合①。此可称为并购全程九阶段论。

也有学者关注并购流程时点，区分不同的并购阶段。Sudi Sudarsanam（2013）就将并购流程划分为五个阶段：企业战略发展；组织并购；交易结构和谈判；并购后整合；并购后审计和组织学习②。此可称为并购时点五阶段论。

还有学者将并购流程中最关键环节之一的整合再作阶段划分，Sudi Sudarsanam（2013）认为，整合的阶段划分应是：交易结束阶段；稳定阶段；资源和能力的共享或转移阶段③。

总之，并购流程是一个整体过程，并购流程也有相对阶段划分，并购风险尽在其中。

2. 并购风险

风险与收益共存，并且一般以正相关关系共存。经济学原理告诉我们，对于任何无风险业务，我们最多只能希望获得无风险收益率。那么，我们是否会满足于无风险收益率？人类精神就是要在追求更美好的生活的过程中，努力发挥独创性，并且敢于冒险④。对外直接投资（包括跨境并购）也是如此。

（1）横向综合角度的并购风险。

从横向综合的角度看，并购风险存在于并购的各个层面。国外有的学者认为，跨境并购风险主要源于国与国之间的诸多不同。Sudi Sudarsanam（2013）认为，跨境并购的方法并不是国内并购方法的范围扩展和直接运用，跨境并购比国内并购要复杂得多⑤。Sudi Sudarsanam（2013）强调，由于国与国之间的诸多不同，跨境并购障碍无处不在，其表现为结构性障碍（包括

---

① 黄嵩，李昕旸.兼并与收购[M].北京：中国发展出版社，2008：11.

② Sudi Sudarsanam.并购创造价值（第二版）[M].芮萌，译.北京：中国人民大学出版社，2013：3.

③ 同上书：664.

④ Robert F. Bruner.铁血并购——从失败中总结出来的教训[M].沈嘉，译.上海：上海财经大学出版社，2008：307.

⑤ 同②：199.

法律方面、管制方面、基础设施),技术性障碍(包括管理方面),信息障碍(包括会计方面、股东方面、规章方面),文化和传统障碍(包括态度方面、价值体系方面)等①。

中国学者对中国企业跨境并购风险也多有总结和研究。有学者关注中国企业跨境并购发生风险的可能性和损失程度。马建威(2011)对中国企业跨境并购风险,从发生的可能性和损失的程度,划分为战略风险、政治法律风险、文化风险、财务风险和其他风险②。也有学者对比中国企业跨境并购的外部和内部等不同风险。王仁荣(2012)研究认为,中国企业跨境并购风险包括外部的政治风险、法律风险、文化和社会风险和内部的汇率和融资风险、目标公司评估风险、并购整合风险③。有学者强调,中国企业跨境并购在经营活动中面临各种风险。林珏(2011)认为,中国企业在进行跨境并购和战略联盟的经营活动中面临各种风险,包括政治风险、政策及法律风险、价值风险、文化风险、财务风险等④。有学者分析,中国企业跨境并购存在国家层面、企业层面、交易层面、整合层面等多方面风险。李俊杰(2013)认为,中国企业进行跨境并购和跨境创建面临多方面的风险:一是有关目标公司所在国的风险;二是有关目标公司的风险;三是交易性质本身所包含的风险;四是交易完成后的整合风险⑤。有学者认为,中国企业跨境并购中的法律风险最突出,且法律风险与其他风险和外在环境交织一起并密切相关。杨春桃(2014)认为,跨境并购所面临的整体风险,包括法律风险、政治风险、市场风险、财务风险、认识风险、机会风险、运营风险、客户风险、战略风险、整合风险,等等。其中,最突出的还是法律风险,但法律风险从来也不是孤立存在的,往往与其他风险交织在一起,并与东道国的政治、经济、文化、传统等人文环境密切相关⑥。也有学者认为,中国企业跨境并购的法律风险在并购完成后的境外经营中最关键。于桂琴(2008)认为,中国企业跨境并购目前

① Sudi Sudarsanam.并购创造价值(第二版)[M].芮萌,译.北京:中国人民大学出版社,2013:212.

② 马建威.中国企业海外并购绩效研究[D].北京:财政部财政科学研究所博士学位论文,2011.

③ 王仁荣.跨国公司跨境并购法律问题研究[D].上海:复旦大学博士学位论文,2012.

④ 林珏.跨国并购和跨国战略联盟研究[M].上海:上海财经大学出版社,2011:232-236.

⑤ 李俊杰.中国企业跨境并购[M].北京:机械工业出版社,2013:10-14.

⑥ 杨春桃.中国企业海外并购及东道国法律规制典型案例分析[M].北京:首都经济贸易大学出版社,2014:前言.

面临的最大风险主要是决策风险、信息风险、政治法律风险、财务风险、整合风险。法律风险是企业并购完成后在境外经营中的最大风险①。也有学者认为，文化冲突是导致跨境并购失败的主要原因。林珏(2011)认为，跨境并购正在成为跨国公司投资的重要方式，但是，由于不少公司在并购过程中面临信息缺失、法律风险和文化冲突等不利因素，往往直接导致跨境并购的失败②。中国企业跨境并购失败也多因为文化冲突。杨春桃(2014)总结已有研究认为，很多中国内地企业(包括中央企业)满怀期望"走出去"，进行大手笔并购，最终功亏一篑、铩羽而归，大多数都是与文化冲突、整合不力有关③。

中国国有企业中的中央企业在国内居垄断地位，轻易可获利润，但在跨境并购等对外直接投资中，连资产安全甚至人身安全可能都得不到保障。李飞(2012)研究中央企业境外投资风险认为，不少央企的境外资产安全以及国有资产保值增值都存在重大隐患，甚至人身安全也得不到保障④。在后危机时代，在发展中国家，中国企业跨境并购的风险有增无减。田泽(2010)认为，后危机时代我国企业跨境并购风险因素有：贸易保护主义驱动的新式政治暴力风险有增无减；由国外劳工权益问题引起的政治暴力风险；一些发展中国家存在极大的政治风险；东道国政策变动和政府干预的政治风险等⑤。

总之，中国企业跨境并购各个层面的风险无处不在。陈志宏(2006)总结认为，并购是一把双刃剑，要正视跨境并购中的政治博弈。中国企业在跨境并购中应注意公司法人治理结构、并购目的和战略、国际化人才和并购流程、法律问题和尽职调查、并购成本和细节、并购类型的多样化，要重视小企业的跨境并购，重视企业文化融合问题，要研究国内外跨境并购的经验，要有战略顾问，等等⑥。

---

① 于桂琴.中国企业跨国并购政治、法律风险分析与防范对策[J].经济界，2008,(2)：65-68.

② 林珏.跨国并购和跨国战略联盟研究[M].上海：上海财经大学出版社，2011：72.

③ 杨春桃.中国企业海外并购及东道国法律规制典型案例分析[M].北京：首都经济贸易大学出版社，2014：169.

④ 李飞.中央企业境外投资风险控制研究[D].北京：财政部财政科学研究所博士学位论文，2012.

⑤ 田泽.中国企业海外并购理论与实践研究[M].北京：化学工业出版社，2010：86-87.

⑥ 陈志宏.跨国并购中企业应注意的问题和政府角色[J].世界经济研究，2006,(11)：72-77.

(2) 纵向综合角度的并购风险。

从纵向综合的角度看,并购风险存在于并购的各个阶段。有学者强调,企业跨境并购后的损失风险源于战略、价格、整合。黄嵩和李昕旸(2008)根据调查数据认为,并购后企业损失可能源于三个因素:战略定位失误、购买价过高以及整合失败[①]。其中,并购整合包括文化整合、产品整合、人员整合、外部沟通[②]。有学者关注,中国企业跨境并购的三个阶段(战略制定、交易执行、整合经营)都有风险需要防范与化解。孙加韬(2005)认为,中国企业跨境并购风险存在于跨境并购三个阶段的各个方面,包括并购策划和战略制定、交易执行、收购后的整合经营,应逐一防范与化解[③]。有学者分析,中国企业跨境并购的三个阶段(战略选择、评估实施、并购整合)中有经济因素风险和非经济因素风险。温巧夫和李敏强(2006)认为,中国企业跨境并购三个阶段可能面临的主要风险因素为:在战略选择阶段,经济因素的风险有战略定位失误、行业选择失误、目标企业选择失误,非经济因素的风险有政治、社会、军事风险;在评估实施阶段,经济因素的风险有低估并购成本、交易方案设计缺陷、融资失利、汇率与利率波动,非经济因素的风险有政策、法律、舆论风险;在并购整合阶段,经济因素的风险有文化冲突、资金链断裂、经营管理模式冲突、人才流失,非经济因素的风险有政策、法律、社会、宗教风险[④]。

纵向综合角度,就是根据跨境并购的流程和阶段而递进展开。从上述学者的研究角度可见,对中国企业跨境并购面临的跨境并购风险,多数学者持跨境并购风险三阶段论,即战略、实施或执行、整合。本书根据跨境并购实践,认同此种阶段划分。因此,尽管前文学者也有并购全程九阶段论和并购时点五阶段论,但在下文归纳中国企业跨境并购风险的一般性时,本书依照的是,中国企业跨境并购流程和风险三阶段模型,即持三阶段论。

(3) 并购的具体风险。

从并购的具体风险看,也可有不同的分析角度进行划分。

---

① 黄嵩,李昕旸.兼并与收购[M].北京:中国发展出版社,2008:42.

② 同上书:93.

③ 孙加韬.中国企业海外并购的风险防范与化解[J].亚太经济,2005,(1):42-45.

④ 温巧夫,李敏强.中国企业海外并购中的风险与对策研究——基于2000—2005年中国企业海外并购实证分析[J].经济理论与经济管理,2006,(5):24-29.

① 跨境并购中的政治、政策、法律风险。

跨境并购中的政治、政策、法律风险，从全球投资角度讲，源自投资自由化和加强投资管制的二元性和矛盾性。联合国贸易和发展会议在《2010年世界投资报告》中称，投资政策趋势正呈现出二元性：一方面，力求进一步实行投资自由化和投资促进；另一方面，力求加强投资管制，争取实现公共政策目标[①]。从具体国家角度看，发达国家的跨境并购规制政策不断趋同，表现为反对垄断和国民待遇等。王自锋等(2009)认为，发达国家(如美国、欧盟和日本)在跨境并购的规制政策方面不断趋同，并表现为外资并购立法的体系化，规制外资并购的基本出发点都是维护公平竞争、保护本国利益和反对垄断，对外资并购市场准入予以严格限制的同时，对外资并购运作则给予国民待遇[②]。但是，上文所述的投资自由和投资管制间的矛盾，在具体的跨境并购等对外直接投资实践中难以平衡，也不可能从根本解决。联合国贸易和发展会议《2010年世界投资报告》称，不断演变的跨国公司体系以及新出现的投资政策环境，为投资促进发展带来三类主要挑战：一是如何实现恰当的政策平衡；二是如何加强投资与发展之间至关重要的相互联系；三是如何确保国内和国际投资政策之间，以及投资政策与其他公共政策之间的一致性[③]。因此，相当多的跨境并购，由于政治、政策、法律上的反对，或中止、或撤销，归于失败。联合国贸易和发展会议《2013年世界投资报告》称，在大多数情况下，并购计划出于商业原因而中止，但也有相当多的计划由于监管上的关切或政治上的反对而撤销[④]。同时，跨境并购中的政治、政策、法律风险相互关联。艾景飞(2011)认为，跨境并购遭遇的政治干扰为：因经济因素而致的立法；因国家安全而致的行业禁止和国家安全审查；意识形态干扰[⑤]。

对于中国企业并购或跨境并购而言，不仅有来自国外的政治、政策、法律风险，更有来自本国政府的干预与控制以及政府部门间冲突和博弈的风

① 联合国贸易和发展会议.2010年世界投资报告[R].纽约和日内瓦：联合国，2010.

② 王自锋，邱立成，黄美玲.论跨国并购与东道国政府的规制政策[J].科学管理研究，2009，29(7)：61-62.

③ 同①.

④ 联合国贸易和发展会议.2013年世界投资报告[R].纽约和日内瓦：联合国，2013.

⑤ 艾景飞.政治因素对中国跨国并购的影响[D].北京：外交学院博士学位论文，2011.

险，即政府导向以及政府导向中的自相矛盾。齐晓亮和周昌仕(2012)认为，随着我国公司并购规模的不断扩大，政府对并购的干预与控制程度日趋加深，由于政府行为受多重因素影响，政府各利益目标之间的博弈便应运而生，这种博弈必然进一步导致政府利益的冲突[①]。所以，中国企业跨境并购，其政治、政策、法律风险既来自国外，又来自国内。

② 跨境并购中的文化风险。

关于跨境并购中的文化风险，有学者从文化适应角度分析。Afsaneh Nahavandi 和 Ali R. Malekzadeh(1987)认为，并购双方企业对于文化适应模式的组织偏好的一致程度，会影响文化适应应激的水平，后者则会反过来或促进或阻碍并购的推进[②]。也有学者从文化兼容或文化差异的角度进行研究，并认为特定组织文化间的并购或跨境并购会有毁灭性后果。Sudi Sudarsanam(2013)综合已有研究和观点认为，文化风险一般用于衡量文化的不兼容性或并购双方之间文化的差异，这种差异能阻碍并购双方进行有效整合。某些特定组织文化的公司之间进行兼并，将产生毁灭性后果[③]。还有学者认为，文化整合复杂漫长，并购整合要求快速，正是这种矛盾，使文化风险成为并购能否成功的关键。何志毅和柯银斌(2010)认为，企业并购整合难，最难的莫过于企业文化的整合。文化整合本是一个相当复杂而漫长的过程，并购后整合却要求是一种快速的整合，所以，如何在最短的时间内实现文化的整合，也就成了并购整合成功的关键要素[④]。因此，在全球范围内，文化风险和文化整合对跨境并购的影响至为关键。何志毅和柯银斌(2010)根据统计认为，在全球范围内，在失败的重组案例中，80%以上直接或间接起因于新企业文化整合的失败[⑤]。所以，把控文化风险，实现文化整合，是跨境并购成功的关键所在。赵曙明和张捷(2005)认为，有效整合并购

---

① 齐晓亮，周昌仕.公司并购中政府利益冲突与协调分析[J].管理学家(学术版)，2012，(7)：48.

② Nahavandi. A.，A. R. Malekzadeh. Acculturation in Mergers and Acquisitions[J]. The Academy of Management Review，1988，13(1)：79-90.

③ Sudi Sudarsanam.并购创造价值(第二版)[M].芮萌，译.北京：中国人民大学出版社，2013：647.

④ 何志毅，柯银斌.中国企业跨国并购10大案例[M].上海：上海交通大学出版社，2010：154-155.

⑤ 同上.

企业双方的跨文化差异，是实现成功的跨境并购的关键所在①。

对于中国企业跨境并购而言，更是如此。杨春桃(2014)认为，对于中国企业而言，一个并购是否成功，需要克服的首要难题就是不同国家之间的巨大差异，这种差异的形成根源于不同国家的发展历程所形成的根深蒂固的历史文化和社会差异②。而且，中国企业跨境并购，对西方文化和商业法则缺乏了解。杨春桃(2014)认为，大多数中国矿业公司对西方文化和商业法则缺乏足够了解，不能正确意识到诸多调查和战略公关对并购成败的重要性③，以致中国企业跨境并购多失败于文化风险和文化整合。杨春桃(2014)认为，在中国企业的跨境并购中，有70%的并购失败于并购后的文化整合④。总之，文化风险、文化距离是中国企业跨境并购的核心和关键问题之一。

③ 跨境并购中企业的社会责任风险。

在全球范围内，企业的社会责任问题越来越重要。跨境并购也不例外。联合国贸易和发展会议在《2011年世界投资报告》中称：在国家和国际两个层面，直接外资政策与产业政策之间的相互作用不断增强，各类自愿性企业社会责任标准对投资政策格局的影响越来越大⑤。

但是，中资企业(尤其是国有中资企业)在海外社会责任问题上却有短板，并引来非议。吴芳芳(2013)认为，在中资企业海外快速发展的同时，国有中资企业在海外的社会责任问题日渐成为国内外关注的话题。从2005年左右开始，一些国外媒体和国际非政府组织批判中资企业在海外的环境保护问题、劳工问题等社会责任问题，认为中资企业在当地污染环境、忽视员工权利、违反劳工标准、侵犯人权，引发当地政府和民众的不满和抗议。在此背景下，海外中资企业必然面临更为复杂的国际形势和国际关系，其履行的社会责任在范围上和内容上也远比在国内大得多和

① 赵曙明，张捷.中国企业跨国并购中的文化差异整合策略研究[J].南京大学学报(哲学·人文科学·社会科学版)，2005，(5)：32-41.

② 杨春桃.中国企业海外并购及东道国法律规制典型案例分析[M].北京：首都经济贸易大学出版社，2014：17.

③ 同上书：121.

④ 同上书：17.

⑤ 联合国贸易和发展会议.2011年世界投资报告[R].纽约和日内瓦：联合国，2011.

复杂得多[①]。因此，中国企业尤其是国有企业在海外承担的企业社会责任规范更严、范围更广、风险更大。

④ 从单一企业角度考察的跨境并购风险。

前文所述的中国工商银行，其在快速全球战略性布局中面临的风险，即为中国企业跨境并购风险的说明和实例。杨林(2013)总结中国工商银行全球战略性布局面临的风险为：金融商业风险和挑战；国际政治和金融监管环境的风险和挑战；管理风险；多元文化的风险；人才挑战[②]。由此可见，其涉及商业风险、政治风险、管理风险、文化风险、人才风险等。

⑤ 跨境并购风险导致的法律纠纷。

跨境并购等对外直接投资风险，不仅导致企业间的法律纠纷，甚至导致企业与国家间的法律纠纷。联合国贸易和发展会议《2013年世界投资报告》称，投资者与国家之间仲裁的新案件数量创历史纪录。2012年，新增58起已知投资者与国家间的争端解决案件，这使得已知案件的总数达到514起，已对一起或多起投资者与国家间争端解决案件作出回应的国家总数达到95个[③]。所以，跨境并购等对外直接投资涉及企业与企业、企业与国家、国家与国家，其风险更复杂。

3. 从中国企业跨境并购流程和风险三阶段模型看中国企业跨境并购的一般性风险

前文已述，本书以中国企业跨境并购流程和风险三阶段模型，归纳中国企业跨境并购的一般性风险，即风险的一般性。把控并购风险，应从并购整体流程的角度着眼，即从并购流程看并购风险，流程和风险共存。对比中国和外国跨境并购风险研究，可以看到，中国企业跨境并购的风险和外国企业跨境并购的风险有诸多相似处。这就是中国企业跨境并购风险的一般性，或称一般性风险，其体现在企业跨境并购的整个流程中，各个环节和各个层面都存在跨境并购风险。但是，无论从横向综合角度、纵向综合角度还是从

---

① 吴芳芳.国有中资企业在海外经营过程中的社会责任问题研究[D].北京：北京大学博士学位论文.

② 杨林.全球市场上的中资银行：中国工商银行的经验[D].王碧珺，译.见：黄益平，何帆，张永生.中国对外直接投资研究.北京：北京大学出版社，2013：254-255.

③ 联合国贸易和发展会议.2013年世界投资报告[R].纽约和日内瓦：联合国，2013.

具体角度等分析跨境并购风险，均可归纳为把握跨境并购的关键环节，把控跨境并购的核心风险。因此，如前所述，尽管也有学者持并购全程九阶段论、并购时点五阶段论等不同观点，但本书从跨境并购风险的角度，认同其他学者的跨境并购风险三阶段论，即本书以中国企业跨境并购流程和风险三阶段模型，归纳中国企业跨境并购风险的一般性，或称一般性风险。

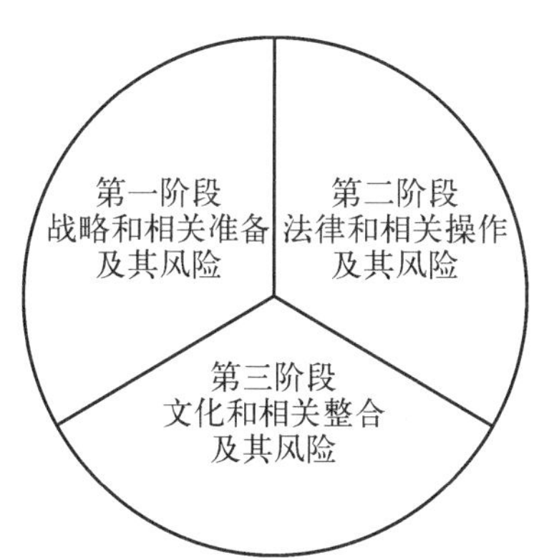

图 1-4 中国企业跨境并购流程和风险三阶段模型

不同学者关于跨境并购流程和风险三阶段论的观点虽有区别，但基本类同，即战略、实施或执行、整合。本书在此基础上，进一步归纳为中国企业跨境并购流程和风险三阶段模型。本书认为，中国企业跨境并购，战略和相关准备是基础，法律和相关操作是根本，文化和相关整合是关键，三者共同构成整体的、动态的、融合的并购流程。跨境并购风险既交织于内，又尽在其中。因此，本书将中国企业跨境并购流程和风险划分为三个阶段，并以三个阶段为基础，进一步说明中国企业跨境并购的一般性风险。所以，具体三个阶段即为：第一阶段，战略和相关准备及其风险；第二阶段，法律和相关操作及其风险；第三阶段，文化和相关整合及其风险，详见图 1-4。

根据图 1-4，中国企业跨境并购流程和风险既构成一个整体，又区分为三个阶段；不同阶段的流程和风险既彼此区隔，又互相影响。把控跨境并购流程和风险，需要在明晰其不同阶段的基础上，更多着眼于整体角度和视角。

（1）战略和相关准备及其风险。

中国企业的跨境并购中，战略和相关准备是基础。所谓战略和相关准备，是指就跨境并购事项的所有重大方面进行准备和确定，如是否进行跨境并购、需要关注的国家层面重大事项、并购公司方面的重大事项、目标公司方面的重大事项、交易层面和环节的重大事项等。战略和相关准备的风险包括准备不充分、战略不正确、跨境并购难于成功、难于取得良好绩效。Sudi Sudarsanam(2013)认为,并购战略就是并购公司并购目标公司的计划[①]。因此,跨境并购计划是否翔实、适宜,直接决定跨境并购后续阶段的操作和整合,并最终影响跨境并购成败和绩效。根据所处行业性质和发展阶段,企业确定某一阶段的发展方式,从而选择跨境并购,这是战略层面的问题,既是企业发展战略,也是跨境并购战略。范从来和袁静(2002)的研究结论,在一定程度上证实了"行业周期理论与并购类型"关系假说,这对公司并购战略有启示,即公司在并购中应详细分析所处行业和性质,明确战略,以并购战略指导并购方式,寻找并购目标[②]。另外,价值判断或估值估价也是战略的一部分。Patrick A. Gaughan(2004)认为,估价分析是一项非常复杂的工作,第四次并购浪潮中大量的失败案例,都源于糟糕的估价分析[③]。

总之,中国企业跨境并购第一阶段的战略和相关准备及其风险,主要是企业在宏观层面战略化确定跨境并购的方向和计划以及其中的风险。跨境并购大的方略是否正确无误,直接影响后续第二阶段的操作和第三阶段的整合,以及最终的跨境并购成败和绩效。

(2) 法律和相关操作及其风险。

中国企业跨境并购,法律和相关操作是根本。所谓法律和相关操作,是指在战略和相关准备确定后,或者在确定过程中,所有跨境并购操作环节的工作。其中的主要工作既涉及法律操作,也涉及财务操作等。但从跨境并购合同贯穿始终的角度讲,从尽职调查、合同谈判,到合同签署、合同履行,合同工作就是法律工作,法律工作因而最为全面和关键。所以,将跨境并购第二阶段归纳为法律和相关操作及其风险,符合跨境并购的实际情况。法律和相关操作的风险包括操作不当、跨境并购难以成功、难以取得良好绩效。因此,这一阶段不仅需要依靠企业自身,更有赖于外部顾问的帮助。黄

---

① Sudi Sudarsanam.并购创造价值(第二版)[M].芮萌,译.北京:中国人民大学出版社,2013:578.

② 范从来,袁静.成长性、成熟性和衰退性产业上市公司并购绩效的实证分析[J].中国工业经济,2002,(8):65-72.

③ Patrick A.Gaughan.兼并、收购与公司重组[M].朱宝宪,吴亚君,译.北京:机械工业出版社,2010:345.

嵩和李昕旸(2008)认为,如果并购者没有经验,聘请一个富有经验的并购顾问团队是有必要的[①]。Sudi Sudarsanam(2013)也认为,除了频繁并购公司的大企业之外,一般企业不可能有足够的内部专家来执行一项并购。因此,在并购过程中,企业不得不寻求外部顾问的帮助[②]。法律和相关操作贯彻并购始终,至为重要。价值调整机制设定,就是一个非常重要的法律问题和操作技巧。所谓价值调整机制,就是通过某些合同手段,帮助并购者把最开始估计错误的目标公司价值调整过来,以减少估值错误所导致的损失。中国投资有限公司(CIG)从创始之初就希望成为中国的淡马锡,在正式挂牌前就斥资30亿美元投资了BLACKSTONE GROUP,此后不久,淡马锡投资美林。投资一年左右,BLACKSTONE GROUP和美林受美国次贷危机影响,都出现了巨额亏损。CIG只能默默地承受账面"浮亏",淡马锡则在美林扩股时能以9亿美元的对价获得价值34亿美元的美林股权,从而成为美林的单一大股东。如果说淡马锡比CIG有什么高明之处,主要就是淡马锡在合同中提前设定了价值调整机制,提前加入了价值调整条款,从而在巨额亏损前尽可能地挽回了损失。

总之,中国企业跨境并购第二阶段的法律和相关操作及其风险,主要是企业在微观层面专业化完成跨境并购的操作性工作,以及此中的处处风险。跨境并购微观操作是否正确无误,不仅影响后续第三阶段的整合,也影响此前第一阶段战略的落实,以及最终的跨境并购成败和绩效。

(3) 文化和相关整合及其风险。

中国企业跨境并购,文化和相关整合是关键。所谓文化和相关整合,不仅指文化对跨境并购过程的影响,更主要是指在跨境并购完成后,文化对跨境并购整合的关键性作用和影响。文化风险有时看似潜在,可一旦彰显,也许会无以救济。因此,文化和相关整合的风险是在跨境并购全程需要关注的,尤其是跨境并购整合过程中更需要特别和重点把控的风险。例如,中国台湾的明基在并购德国的西门子手机业务时,重点关注财务、技术、市场等

① 黄嵩,李昕旸.兼并与收购[M].北京:中国发展出版社,2008:34.

② Sudi Sudarsanam.并购创造价值(第二版)[M].芮萌,译.北京:中国人民大学出版社,2013:555-556.

方面，而忽略了双方民族文化和企业文化上的巨大差异，和其可能要付出的巨大整合成本。其结果就是，明基用一年亏损达 8.4 亿欧元的代价，典型地印证了跨境并购的文化风险。因为正是不同国家的文化冲击，导致跨境并购整合不利，成为明基并购西门子手机业务失败的主要影响因素。

总之，中国企业跨境并购第三个阶段的文化和相关整合及其风险，主要是指文化风险影响跨境并购的全程，尤其影响跨境并购整合，并直接影响此前第一阶段战略的落实和第二阶段法律的操作，以及最终的跨境并购成败和绩效。

当然，本书关注中国企业跨境并购风险的一般性，分析中国企业跨境并购流程和风险三阶段模型，是为了在此基础上重点研究中国企业跨境并购风险的特殊性，并认为后者更主要地构成中国企业跨境并购成败和绩效的背景，对其有更重要的影响和作用。

4. 中国企业跨境并购风险的特殊性

对中国企业跨境并购风险的特殊性，或称中国企业跨境并购的特殊风险的研究，主要着眼于中国或中国企业跨境并购在哪些方面特别受关注，为什么有些跨境并购等对外直接投资没有受到本应有的欢迎，反而引致东道国或东道国企业的顾虑、担心、反对甚至拒绝。Daniel H. Rosen 和 Thilo Hanemann(2013)认为，中国至少在五个方面特别受关注。第一，中国很可能在未来 20 年内成为全球最大的经济体，这使得中国有机会和能力改变全球国家安全状况。第二，中国和经合组织(OECD)国家的价值观和商业准则可能有所不同。第三，中国不是北大西洋公约组织(NATO)的成员，但却是拥有现代化军事设施的新兴力量。第四，中国在出口管制规则方面曾有“不良记录”，美国和其盟国认为中国是将敏感技术卖给危险政权的主要国家之一，危险政权包括伊朗、朝鲜和巴基斯坦。第五，外界认为中国通过欧洲和北美的情报网进行经济和政治间谍活动，因而具有更大的威胁性[①]。

在中国这个国家本身就特别受关注的前提下，中国企业跨境并购等对外直接投资也引来东道国或东道国企业的顾虑和担心。王碧珺(2013)认为，跨境并购等对外直接投资本应受到东道国的欢迎，因为其往往给东道国

---

① Rosen, D. H., T. Hanemann.中国对发达经济体的直接投资：欧洲和美国的案例[M].潘圆圆，译.见：黄益平，何帆，张永生.中国对外直接投资研究.北京：北京大学出版社，2013：286-287.

带来资金、技术、管理经验、就业以及海外市场等。然而，对于中国企业的跨境并购等对外直接投资，各国的反应则较为复杂。有两个普遍的印象：一是中国的跨境并购等对外直接投资由国有企业主导，这背后可能存在非纯粹的商业动机和不公平的竞争行为，使得东道国有所顾虑；二是担心中国企业将海外的资源、技术带回国内后就关闭海外的工厂，当地的可持续性就业机会难以得到保证[①]。这里同样存在政府导向和反向市场问题。

所以，归纳中国企业跨境并购风险的特殊性，或称中国企业跨境并购的特殊风险，只因为三个关键词：中国、国有企业、资源。这与前述归纳中国企业2005年前后跨境并购浪潮，和归纳中国企业跨境并购动因的特殊性，所涉及的关键因素或关键词均完全一致。

中国企业跨境并购风险的特殊性还在于，在"走出去"的国家战略和政府导向之下，中国企业跨境并购等对外直接投资在遭遇特别重大的风险时，从企业层面和国家层面有时尚无救济良策。2011年年初，利比亚局势急转直下，中国政府积极协助3万余名在利中国人及时撤离，一时间成为各方关注的焦点。众多评论中不乏"彰显大国国力"等赞美之词，但面对大量搁置的合同、大批中止的项目以及随之而来的巨额经济损失，如何保证"走出去"的企业走得踏实、走得顺畅，才更值得我们思考与反省（林念，2013）[②]。面对此类风险和损失，从企业层面讲可能难以承受，没有国家层面参与可能难以解决，甚至不能解决。助力解决这些问题，才是国家和政府应为的。2007年中国金融行业最大的海外投资案，是中国平安保险（集团）股份有限公司以238亿元人民币投资入股比利时曾经最大的金融机构富通集团，持股比例达到4.99%，成为富通集团的最大单一股东。此举本来对于中国保险行业的发展具有里程碑式的重大意义，曾一度被市场看好。但在席卷全球的次贷危机的影响下，在接受救市注资112亿欧元无果后，富通的主要资产银行业务最终被东道国政府征收，直接导致了中国平安对富通的投资遭受高达228亿元人民币的巨额亏损。在对富通采取的国有化措施中，比利

① 王碧珺.被误读的官方数据[M].见：黄益平，何帆，张永生.中国对外直接投资研究.北京：北京大学出版社，2013：107-108.

② 林念.从企业扬帆到政府起航——关于国际投资协定的讨论[M].见：黄益平，何帆，张永生.中国对外直接投资研究.北京：北京大学出版社，2013：97.

时政府制定了严重歧视中国投资者的富通股东补偿计划，令中国平安在此计划下不能获得分文补偿，构成了对中国平安投资资产的非法征收。该案是新中国成立以来中国海外资产遭遇的最大征收案件，其规模在全世界也属罕见(杨春桃，2014)①。

当然，面对巨大风险，也有学者提出了中国企业跨境并购的风险应对策略，但下述风险应对策略对前述提到的风险特殊性的三个关键问题，既无法从根本解决，也不可能解决。林念(2013)从国家层面分析认为，面对中国企业跨境并购等对外直接投资的复杂环境，尝试推动建立全球多边投资协议框架，不失为中国政府的应对策略之一。这种政府“走出去”的方式不仅有助于保障中国企业的海外投资权益，还有利于提高中国在国际经济事务中的话语权，进一步提升中国的国际地位和国际形象②。何志毅和柯银斌(2010)从企业层面分析认为，中国企业要做好跨境并购，必须遵循“三近”法则：一是就近并购；二是拉近距离；三是靠近获取。弱势企业作为并购公司是“三近”法则的逻辑起点，融合思维与方式是“三近”法则的逻辑核心，由弱变强是“三近”法则的逻辑结果③。还有学者从技术层面重视并尝试解决跨境并购中的文化风险问题。赵曙明和张捷(2005)认为，文化差异在组织内的解决有四种模式：凌越、妥协、合成和隔离④。但是，中国企业跨境并购的特殊风险是以企业行为所不能完全解决的。

5. 中国企业跨境并购风险特殊性的总结

综上，本书总结和归纳中国企业跨境并购风险的特殊性只因三个关键词：中国、国企、资源。而这正是中国企业跨境并购的主流态势和状况。这种中国企业跨境并购的主流态势和状况，对其跨境并购成败和绩效既构成背景，又有相应的作用和影响，放大了中国企业跨境并购的风险，使其更不

---

① 杨春桃.中国企业海外并购及东道国法律规制典型案例分析[M].北京：首都经济贸易大学出版社，2014：56-60.

② 林念.从企业扬帆到政府起航——关于国际投资协定的讨论[M].见：黄益平，何帆，张永生.中国对外直接投资研究 M.北京：北京大学出版社，2013：97.

③ 何志毅，柯银斌.中国企业跨国并购 10 大案例[M].上海：上海交通大学出版社，2010：218-231.

④ 赵曙明，张捷.中国企业跨国并购中的文化差异整合策略研究[J].南京大学学报(哲学・人文科学・社会科学版)，2005，(5)：32-41.

易于成功，影响了中国企业跨境并购的绩效，使良好绩效的取得更加不易。

三、研究背景重点总结及本书理论文献概述

（一）中国企业跨境并购浪潮、动因和风险特殊性总结

1. 中国式跨境并购的特殊性背景

中国企业跨境并购浪潮形成于2005年前后，其特点为规模化的国有企业的资源并购。中国企业跨境并购动因的特殊性为政府导向动因、反向市场动因、资本离境动因，这可归纳为中国的政府、国有企业、资源并购在整个中国企业跨境并购中的核心作用和关键地位。虽然资本离境同时构成另外一个问题，但从中国企业跨境并购等对外直接投资角度讲，其与中国的政府因素、国企因素、市场因素等直接相关，故本书将只与政府导向、反向市场并论。

从这三个角度看，中国企业跨境并购的特殊之处均相同，即国家和政府的主导作用，国有企业的具体实施，资源并购的比重过高，可归纳为中国企业跨境并购的政府导向、反向市场、资本离境的特殊动因和风险。这样的中国式跨境并购特殊性或特殊之处，形成中国企业跨境并购的总括基础和整体特征，并作为中国国内背景直接影响具体的中国企业跨境并购成败和绩效。

2. 中国式跨境并购特殊性的影响

（1）对中国企业跨境并购成败和绩效的基础性负面影响。

政府与市场本质上是两种秩序（王利月和张丙宣，2010），中国式跨境并购的三个关键词，反映了政府秩序的一面，这是中国经济的主要特征之一，在中国国内，完全正常；而跨境并购及其涉及的其他国家，反映的则是市场秩序的一面，与政府秩序存在对立和冲突，从而使政府秩序和市场秩序相互形成阻碍。正因为如此，当中国企业跨境并购时，由于中国、国家、政府因素会受到许多特别关注。前述学者已有分析，中国至少在商业准则甚至价值观等五个方面，与其他国家尤其是以经合组织为代表的发达国家明显不同（Daniel H. Rosen 和 Thilo Hanemann，2013），并导致中国式跨境并购的风险，使中国企业进行跨境并购等对外直接投资时，由于国有企业主导等，其他国家反应复杂并产生顾虑和担心（王碧珺，2013）。这样就使得中国式跨

境并购的政府导向未必能产生预期效果,甚至会产生负面效果。

中国提出的“走出去”国家战略,意在促进跨境并购等对外直接投资,使其数量增加,更易成功,绩效更好。但是,在2000年“走出去”的国家战略提出以后,中国企业跨境并购等对外直接投资,横向比较其他国家,与印度、日本、韩国对比,效果反而更差(Min Ye, 2013);纵向比较本国数据,中国跨境并购等对外直接投资在中国经济中的比重、部门强度均下降,且私有企业代表性严重不足,整体表现出负面效果(Min Ye, 2013)。甚至在“走出去”国家战略加快实施的2008年以后,中国企业跨境并购由于政府寻租增加及大企业非经济目的的投资增加,导致跨境并购数量虽然迅速上升,但跨境并购绩效有所下降(杨柳勇和张晶晶,2012)。

国有企业由于过多地集中于资源和原材料的跨境并购,在资源和原材料的跨境并购之外的其他方面于过去十年间未显示上涨势头(Min Ye, 2013)。这样就使得中国企业跨境并购依然外行,与欧美国家比较,甚至与印度比较,都有明显差距(杨春桃,2014)。政府、国企、资源的跨境并购特征,必然对民营企业跨境并购形成负面影响。中国式的资本离境的原因之一,就是民营企业诸多受限后采取曲折“返程投资”而为(宋立刚等,2013)。政府审批本身就构成了民营企业跨境并购等对外直接投资的最大障碍(张映雪,2011)。

综上所述,与前述学者的已有研究印证,中国式跨境并购的特殊性是指政府导向、反向市场、资本离境的特殊动因和风险,作为中国国内背景,它们对中国企业跨境并购成败和绩效有基础性负面影响。这种基础性负面影响的本质,在于上述学者的已有分析:政府与市场是不同的两种秩序,中国企业跨境并购受制于中国的政府秩序,甚至在有的时候,政府秩序完全代替市场秩序;跨境并购本应受制于市场秩序,企业并购的成败和绩效如何,自有市场决定,而市场并非政府所能左右,甚至政府完全不能左右。由于上述政府秩序和市场秩序的不同、甚至矛盾存在冲突,导致中国式跨境并购的特殊性。

(2) 国有企业跨境并购成为本书关注的重点。

中国式跨境并购的特殊性,归结到企业层面,就是国有企业的跨境并购。跨境并购最终体现为企业实施的行为，所有其他因素均可归结到企业。因此，从跨境并购成败和绩效的具体影响因素角度，上述特点使中国国有企业的跨境并购成为本书关注的重点，比如国有企业较之非国有企业，其跨境并购成败和绩效如何，对比分析又如何；国有企业在发达国家和非发达国家进行跨境并购，成败和绩效如何，对比分析又如何。这种对比分析既是本书研究内容，又是本书关注的重点。

（二）理论和文献

本书以中国企业跨境并购政府导向、反向市场、资本离境特殊动因和风险为背景，对中国企业跨境并购的成败和绩效影响因素进行对比研究。关于跨境并购成败和绩效，从国外到国内已有理论和文献的全面和系统研究，本书下章将具体介绍。在跨境并购相关理论中，邓宁的国际生产折衷理论和投资发展阶段理论，既可以解释跨境并购成败和绩效，也可以说明跨境并购动因和风险，其对中国企业跨境并购有一定的解释力。在跨境并购文献中，关于跨境并购影响因素以及其对并购成败和绩效的影响，也有诸多学者研究，结论不尽相同。而中国企业跨境并购影响因素在并购成败和绩效上、在发达国家和非发达国家中的全面对比研究，此前文献尚较少述及。因此，本书研究中国企业跨境并购影响因素与并购成败和绩效的关系，着重探讨某项影响因素对成败和绩效、在发达国家和非发达国家的相同或不同影响，并进行对比分析和研究，以期为中国企业跨境并购实践提供借鉴和参考。

第二章　理论回顾与文献综述

第一节　中国企业跨境并购等相关概念

一、并购和跨境并购

（一）并购

并购是兼并与收购(merger and acquisition，M & A)的统称。兼并可分为吸收合并(consolidation merger)和新设合并(statutory merger)；收购分为资产收购(asset acquisition)和股权收购(stock acquisition)。并购既是一个经济角度的概念，也是一个法律角度的概念。从经济角度而言，企业兼并与收购的意义一致，都是企业产权、经营权转移，都导致市场竞争结构、竞争力量发生变化，对经济发展有相同或类似影响。因此，统称并购时，有时并不细分或兼并或收购，本书也是如此。但是从法律角度而言，两者无疑不同。西方很多法律人士经常使用法律合并(legal merger)和经济合并(economic merger)来区分兼并与收购，以明晰两者之法律不同(王仁荣，2012)①。并购概念有法律定义；并购操作有法律流程；并购问题有法律规范。

兼并收购，有横向并购、纵向并购、混合并购之形态不同，有善意并购、敌意并购之方式迥异，有协议并购、要约并购之操作区别，也有支付方式上的现金、股份等多样选择。

（二）跨境并购

企业跨越国境的对外直接投资(foreign direct investment，FDI)主要采

① 王仁荣.跨国公司跨境并购法律问题研究[D].上海：复旦大学博士学位论文，2012.

用两种形式：一种是绿地投资(greenfield investment)，即直接创建企业或称跨境创建；另一种是褐地投资(brownfield investment)，即跨境并购企业或称跨境并购。跨境并购(cross-border M & A)是企业国内并购的国外延伸，是跨越国境的并购行为。跨境并购是企业(尤其是经济发展到一定程度的发达国家企业)对外直接投资的主要形式。

二、中国企业跨境并购和中国企业海外并购

在本书中，中国企业跨境并购专指中国大陆企业跨境并购，既包括中国大陆企业并购国外企业，也包括中国大陆企业并购中国港澳台企业。中国的港澳台是一个特殊问题，属“国内境外”，中国大陆企业对港澳台地区的直接投资，在中国法律下，被视为对外直接投资。海外并购是跨境并购的通称；中国企业海外并购是中国企业跨境并购的通称。

三、本书概念使用说明

1. 关于中国和中国大陆

由于中国港澳台的特殊情况，本书研究的作为并购公司的中国企业又仅限于中国大陆企业。因此，本书数据来源等处说明的中国企业和中国境外企业，指代中国大陆企业和非中国大陆企业，中国境外企业包括中国港澳台企业，这一界定方式只为研究上的概念区分，而不代表法律上的主权概念，因为在法律的主权概念上，中国企业包括中国大陆企业和中国港澳台企业。

2. 关于跨境并购和跨国并购

由于中国港澳台的特殊情况，跨国并购不足以指代中国企业跨境并购。因此，本书根据中国对外直接投资的实际情况，统称其为跨境并购。在本书中，跨境并购与跨国并购、海外并购具有并购和对外直接投资意义上的相同含义。

3. 关于并购公司和目标公司

并购公司有不同的称谓，不同文献中也有不同的表达，如并购方、收购方、主并公司(或称公司为企业)、收购公司等。本书对发起并购的一方统称并购公司。目标公司也有不同的称谓，不同文献中有不同的表达，如被并购

方、被收购方、被收购公司、被收购企业等；有时，被并购公司可能包括签署并购合同的母公司、持股公司和并购标的指向的子公司、分支机构等。本书不作区分，统称为目标公司。本书所称跨境并购标的、并购标的、标的，均指目标公司。

第二节　跨境并购相关理论

一、跨境并购相关理论

（一）跨境并购相关理论简介

跨境并购理论源自且由并购理论和对外直接投资理论构成。在并购理论中，人们的关注点主要集中在并购动因和效应以及并购整合问题。在企业并购动因方面，形成的理论主要有协同论、代理论、市场势力论、市场价值低估论、自由现金流量假说等。其中，协同论又有经营协同效应理论、财务协同效应理论、管理协同效应理论、多元化理论等。在企业并购效应方面，人们提及的有协同效应、财富效应、就业效应、福利效应等。在企业并购动因和效应理论中，协同论具有典型的代表性。在协同论中，最受关注的是经营协同效应和财务协同效应。所谓经营协同效应，就是指并购使企业生产经营效率得以提高，如并购而致的规模经济、优势互补、纵向一体化等；所谓财务协同效应，就是指并购使企业产生好的财务效果，如并购可以实现合理避税、证券价格提高、公司知名度扩大等。在企业并购整合方面，因研究角度不同和研究方法差异，形成的学派主要有资本市场学派、战略管理学派、组织行为学派、并购过程学派等。

对外直接投资理论分为传统的对外直接投资理论和对外直接投资的新理论。传统的对外直接投资理论包括国际分工与比较优势理论、垄断优势理论、产品生命周期理论、国际生产折衷理论等。对外直接投资的新理论因其可更好地解释发展中国家的对外直接投资，故又有人称为发展中国家对外直接投资理论，其包括投资发展阶段理论、后发优势理论、不均衡理论等。

并购理论和对外直接投资理论的结合和发展，甚或并购理论或对外直接投资理论本身，就是跨境并购理论。上述企业并购效应的分类，许多人就是从跨境并购角度论述的。至于在对外直接投资中是跨境并购还是跨境创建，需要根据诸多具体情况决定。两者既有替代性，又有对立性，前者优势或为后者劣势，前者劣势或为后者优势。但其理论的主体同一，即对外直接投资理论。

（二）邓宁的国际生产折衷理论和投资发展阶段理论

在传统的对外直接投资理论中，邓宁的国际生产折衷理论是集大成者；在对外直接投资的新理论中，邓宁的投资发展阶段理论最具典型性。因此，本书对此略作介绍，并认为其可以在一定程度上解释中国企业跨境并购问题，尤其是成败和绩效问题。

邓宁的国际生产折衷理论认为，企业对外直接投资，应满足三个基本条件，即所有权优势（ownership advantage）、内部化优势（internalization advantage）和区位优势（location advantage），此即 OIL 模型。邓宁认为，企业只有同时具备了三种优势的情况下，才可以实施对外直接投资，即 FDI＝O＋I＋L；如果只具备了两种优势，企业可以开展许可贸易；如果仅具备一种优势，企业只能开展出口贸易。

邓宁的投资发展阶段理论认为：一国对外直接投资，与该国的经济发展水平相关；并可具体为，一国对外直接投资的流出和流入，与其人均国民生产总值（gross national product，GNP）相关联，此为投资与发展的周期关系。邓宁认为该周期关系的五个阶段为：第一阶段，一国的人均 GNP 在 400 美元或以下，对外直接投资的三个基本条件均不具备，没有直接投资流出，很少有直接投资流入，净对外直接投资额为零或负数；第二阶段，人均 GNP 超过 400 美元，区位优势增强，直接投资流出少量出现，直接投资流入数量增加，净对外直接投资额依然为负；第三阶段，人均 GNP 超过2 000美元，形成所有权优势，直接投资流出逐渐快于直接投资流入，这标志着一个国家的对外直接投资地位已经发生质的变化；第四阶段，人均 GNP 在 5 000 美元上下，所有权优势和内部化优势强大，区位优势迅速下降，处于该阶段的国家是对外直接投资的主要供给者，净对外直接投资额大于零且不断扩大；第五阶段，人均 GNP 超过 10 000 美元，净对外直接投资额由此前的急速上升转为下降，最终围绕零水平上下波动，但对外直接投资流出和流入的绝对数量都在继续增加，随着全球化进程和企业跨国公司化，各国对外直接投资会越来越平衡。

（三）霍夫斯泰德的文化维度理论简介

在跨境并购理论中，还涉及跨文化管理理论。跨文化管理理论中最有影响的是荷兰管理学家霍夫斯泰德（HOFSTEDE）提出的文化维度理论。霍夫斯泰德是跨文化研究的集大成者，其以实证研究方法来表达文化差异，而非仅仅定性分析。跨境并购中的文化差异和文化距离，对并购动因和效应，尤其是并购整合、并购成败、并购绩效，都有影响。

二、从跨境并购相关理论看中国企业跨境并购成败和绩效

（一）关于外国理论和中国理论

并购理论、对外直接投资理论、跨境并购理论均为国外学者研究所形成的理论。中国在相关领域尚未形成系统的、有影响力的理论。中国相关理论或是以外国理论解释中国问题，或是结合中国实际而略微扩展，甚或只是对外国理论本身进行解释。

（二）关于跨境并购理论研究

从大的研究方向来说，跨境并购理论就是要解释企业为什么以及怎样才能更好地进行跨境并购？跨境并购的风险如何以及怎样规避？尤其是并购成败和绩效的影响因素及其把控，以及在此基础上的并购效应、并购整合或其他相关等。前文所述的并购动因、效应、整合理论，传统的对外直接投资理论和对外直接投资的新理论，甚至跨文化管理理论，均是如此。跨境并购具体研究也不外乎此。只不过不同的研究，针对不同的对象，选择其中不同的具体问题。本书所引用的文献综述中的研究即是如此。

本书针对中国企业跨境并购的研究，也是在上述大方向的基础上选择了一些具体问题，进行分析和归纳并得出本书结论。本书的具体研究以邓

宁的国际生产折衷理论和投资发展阶段理论等为指导。

(三) 关于邓宁的理论与中国企业跨境并购问题

邓宁的理论是外国理论中关于跨境并购理论的集大成者和典型代表。邓宁的国际生产折衷理论是静态的跨境并购理论;其投资发展阶段理论是动态的跨境并购理论。邓宁的理论可以在一定程度上解释中国企业跨境并购问题。

邓宁的国际生产折衷理论虽可以更好地用来解释发达国家的跨境并购,但包括国际生产折衷理论在内的对外直接投资传统理论,典型并重点论述的因优势而跨境并购,即企业具有优势才跨境并购,才更易成功且绩效更好,不仅已形成代表性理论,而且也是一种可以接受的常识。中国为非发达国家,缺乏跨境并购的优势和条件,企业跨境并购,不易成功且绩效会差。因此,邓宁的国际生产折衷理论对中国企业跨境并购有一定的解释力。

邓宁的投资发展阶段理论对中国和其他国家在理论结合实际上具有可适用性,有学者的研究结论可以佐证。赵海波(2006)以邓宁的投资发展阶段理论为基础,对东亚十国三十年的跨境并购等对外直接投资数据进行实证分析,得出东亚国家对外投资态势与邓宁理论基本相符的结论①。薛求知和朱吉庆(2007)的研究也发现,中国经济发展与跨境并购等对外直接投资的关系,和邓宁理论的规律性认识吻合;同时,中国现阶段跨境并购等对外直接投资的实际状况,与理想预期还存在较大差距,中国跨境并购等对外直接投资发展阶段滞后于中国经济整体发展水平②。可见,邓宁的投资发展阶段理论在一定程度上也可以解释中国的对外直接投资,包括中国企业的跨境并购。

引用邓宁理论,需统计中国人均国民生产总值,本书据此整理出表2-1。

---

① 赵海波.东亚地区国际投资态势的实证分析——邓宁投资阶段论在东亚的检验[J].世界经济研究,2006,(4):59.

② 薛求知,朱吉庆.中国对外直接投资发展阶段的实证研究[J].世界经济研究,2007,(2):40.

表 2-1　1990—2012 年中国国内生产总值和国民生产总值等数据

年度	国内生产总值	国内生产总值(第一产业增加值)	国内生产总值(第二产业增加值)	国内生产总值(第三产业增加值)	人均国内生产总值	人均国内生产总值	国民生产总值
	亿元	亿元	亿元	亿元	元	美元	亿元
2012	519 470	52 374	235 162	231 934	38 420	6 086.29	516 282.1
2011	473 104	47 486.2	220 412.8	205 205	35 198	5 449.58	468 562.4
2010	401 512.8	40 533.6	187 383.2	173 596	30 015	4 433.86	399 759.5
2009	340 902.8	35 226	157 638.8	148 038	25 608	3 748.78	340 320
2008	314 045.4	33 702	149 003.4	131 340	23 708	3 413.56	316 030.3
2007	265 810.3	28 627	125 831.4	111 351.9	20 169	2 652.44	266 422
2006	216 314.4	24 040	103 719.5	88 554.9	16 500	2 069.81	215 904.4
2005	184 937.4	22 420	87 598.1	74 919.3	14 185	1 731.64	183 617.4
2004	159 878.3	21 412.7	73 904.3	64 561.3	12 336	1 490.43	159 453.6
2003	135 822.8	17 381.7	62 436.3	56 004.7	10 542	1 273.64	134 977
2002	120 332.7	16 537	53 896.8	49 898.9	9 398	1 135.44	119 095.7
2001	109 655.2	15 781.3	49 512.3	44 361.6	8 622	1 041.68	108 068.2
2000	99 214.6	14 944.7	45 555.9	38 714	7 858	949.22	98 000.5
1999	89 677.1	14 770	41 033.6	33 873.4	7 159	864.79	88 479.2
1998	84 402.3	14 817.6	39 004.2	30 580.5	6 796	820.88	83 024.3
1997	78 973	14 441.9	37 543	26 988.1	6 420	774.45	78 060.9
1996	71 176.6	14 015.4	33 835	23 326.2	5 846	703.25	70 142.5
1995	60 793.7	12 135.8	28 679.5	19 978.5	5 046	604.56	59 810.5
1994	48 197.9	9 572.7	22 445.4	16 179.8	4 044	469.1	48 108.5
1993	35 333.9	6 963.8	16 454.4	11 915.7	2 998	—	35 260
1992	26 923.5	5 866.6	11 699.5	9 357.4	2 311	—	26 937.3
1991	21 781.5	5 342.2	9 102.2	7 337.1	1893	—	21 826.2
1990	18 667.8	5 062	7 717.4	5 888.4	1 644	—	18 718.3

数据来源:国泰安数据库。

（四）从国际生产折衷理论看中国企业跨境并购

根据国际生产折衷理论，中国作为非发达国家，相较于发达国家，没有“O+I+L”优势，中国企业跨境并购并不具备条件，或不具优势条件，所以，中国企业并购的动因不足，风险更多，不易成功，绩效较差。同时，中国与经合组织等发达国家在商业准则甚至价值观等诸多方面存在明显不同。因此，中国企业跨境并购的绩效整体难佳。同时，中国企业在发达国家跨境并购与在非发达国家跨境并购应有所不同，在发达国家跨境并购更难成功，绩效更差。

（五）从投资发展阶段理论看中国企业跨境并购

根据投资发展阶段理论，中国人均 GNP 在不同的时间和阶段已分别超过 400 美元、2 000 美元和 5 000 美元，中国企业跨境并购已经产生相应动力，动因出现。从动态的发展角度看，在跨境并购成败和绩效上，应是逐渐向好的过程。同时，中国在非发达国家中越来越处于领先发展的地位，中国与发达国家的经济差距逐渐缩小。因此，中国企业跨境并购的成败和绩效处于趋好的动态过程中。

（六）从理论角度看中国企业跨境并购成败和绩效

根据上述理论，加之其他因素，中国企业跨境并购在对外中、在矛盾中、在动态中呈现出一些中国式的独特之处。比较国际生产折衷理论和投资发展阶段理论，可对中国企业跨境并购作出不同解释。前者主要是中国与其他国家的比较，中国与发达国家存在经济差距，有商业准则和价值观等诸多不同，而中国与非发达国家相似更多；后者主要是中国与自身比较，中国经济在发展，人均 GNP 在提高。但是，中国企业跨境并购更多涉及的不是自身国家和企业的纵向比较，而是与其他国家和企业的横向比较。因此，虽然国际生产折衷理论和投资发展阶段理论可对中国企业跨境并购有不同解释，但前者应该更主要，即中国企业跨境并购，尤其是在发达国家跨境并购，不具“O+I+L”优势，难以成功，绩效难佳。本书将就此进行具体研究。

本书将以邓宁的国际生产折衷理论和投资发展阶段理论为指导，以中国式跨境并购政府导向、反向市场、资本离境动因和风险为背景，实证研究中国企业跨境并购影响因素与跨境并购成败和绩效的关系，关注并购成败和绩效的影响因素，以及这些影响因素对成败和绩效、在发达国家和非发达国家的相同或不同之处。

第三节 跨境并购成败和绩效文献综述及本书评述

一、跨境并购成败和绩效的研究概况

本书关注并研究跨境并购成败和绩效，所引用的文献中，有的涉及并购或对外直接投资，但并不影响本书的关注点，故未再一一区分和说明。如前所述，人们研究跨境并购成败和绩效，往往将之视为同一个问题，即跨境并购成败和绩效都是大的方面的跨境并购成败问题。有的学者所称跨境并购成败，包括绩效，甚至就是以此为标准，本书综述文献时并未区分，实则也是难以区分。但本书出于研究目的的考虑，将大的跨境并购成败问题区分为中国企业跨境并购成败、跨境并购短期绩效和跨境并购长期绩效。从企业的角度讲，追求跨境并购成功不仅包括跨境并购完成，而且包括取得跨境并购短期绩效和长期绩效，即企业追求的是跨境并购的企业发展、企业经营意义上的成功。作为同一个问题的跨境并购成败，学者已有研究中的观点有所不同，有的认为并购(包括跨境并购)总体成功，有的认为总体失败，有的研究进一步统计、分析成败的比例。

(一) 跨境并购失败论

并购(包括跨境)并购失败论似乎更多数、更主流。人们普遍接受的观点是，绝大多数并购都是失败的(Sudi Sudarsanam, 2013)[①]。当前流行的观点似乎认为并购是一种输家游戏(Robert F. Bruner, 2008)[②]。并购(包括跨境并购)的完败，不仅意味着并购绩效不佳，而且由此导致并购公司

① Sudi Sudarsanam.并购创造价值(第二版)[M].芮萌，译.北京：中国人民大学出版社，2013：80.

② Robert F. Bruner.铁血并购——从失败中总结出来的教训[M].沈嘉，译.上海：上海财经大学出版社，2008：13.

困境，甚至破产。Tyrone M. Carlin 等（2009）发现，近期的一些分析观点认为并购绩效的实证研究结果不佳。其实，还有一类交易，结果更为使人忧心，其不仅引起并购公司的价值浪费，而且交易的完成事实上会导致一个企业在新的扩张中陷入财务困境，甚至清算境地，此即为“杀手并购问题”①。

（二）跨境并购成功论

并购（包括跨境并购）成功论既可从并购（包括跨境并购）业务与其他公司业务的比较中得出，也可从并购、跨境并购的特点得出。Robert F. Bruner（2008）研究认为，大量的经济学研究表明，并购公司的收益呈现一种围绕平均数广泛离散的趋势。相较于从事其他通常受到赞许的公司业务，如创办新企业、导入新产品、开拓新市场、投资于新研发和新技术等，并购的失败率并非更高。并购往往处于可容忍的风险区间内②。有的研究认为，跨境并购的成功率比本土并购要高得多；核心业务并购成功率很高；获得诸如研发、品牌和管理技巧等目标公司能力，提高了并购公司的获利水平，增加了股东财富，这是跨境并购成功的关键性因素（Sudi Sudarsanam，2013）③。跨境并购的成功率高，当然与外国并购公司的出价有关。Robert F. Bruner（2008）认为，跨境并购能够创造收益，这与有关美国国内并购的研究结论相一致。跨境并购与国内并购的主要区别在于：外国并购公司的出价似乎高于国内并购公司。因此，目标公司能获得巨额收益，并购公司基本上能够保本；合起来看，则股东受益④。

（三）跨境并购成败比例论

关于并购（包括跨境并购）成败比例论，有学者认为并购（包括跨境并购）失败率奇低，也有学者认为失败率奇高，在下述全球范围数据中，失败率自低而高的比例观点不一而足。Robert F. Bruner（2008）认为，失败的并购

---

① Tyrone M.Carlin，Nigel F，Guy F.过火的交易：杀手收购案例[M].见：Greg N.Gregoriou，Karyn L.Neuhauser.企业并购逻辑与趋势.巴曙松等，译.北京：北京大学出版社，2009：252-253.

② Robert F. Bruner.铁血并购——从失败中总结出来的教训[M].沈嘉，译.上海：上海财经大学出版社，2008：299.

③ Sudi Sudarsanam.并购创造价值（第二版）[M].芮萌，译.北京：中国人民大学出版社，2013：218-222.

④ 同②：26-40.

案例,只占总量的很小的百分比[①]。张建红等(2010)根据数据测算指出,从宣布并购意向到并购完成的过程中,全球有30%跨境并购意向未能实现[②]。Sudi Sudarsanam(2013)认为,跨境并购的成功率超过50%[③]。杨春桃(2014)根据统计数据指出,过去20年全球大型企业兼并案例中,成功率不到50%[④]。何志毅和柯银斌(2010)根据统计认为,在全球范围内,资产重组的成功率只有45%左右[⑤]。黄嵩和李昕旸(2008)根据调查数据认为,并购后赔钱的并购案占了并购总数的一半以上,七成以上的并购者表示,如果有机会重来,一定不会买[⑥]。何志毅和柯银斌(2010)根据统计认为,全球范围内的并购案成功率不到50%,跨境并购的成功率则更低,一般只有30%[⑦]。杨春桃(2014)总结已有研究指出,在海外投资或是跨境并购中存在着所谓的"七七现象":即世界上70%的企业并购后未能实现预期的商业价值;70%的失败源于并购后的整合过程[⑧]。于桂琴(2008)根据多年的统计数据指出,只有20%的并购因事后证明实现了预期目标而归于成功,其余80%的并购均以失败告终[⑨]。也有学者专门研究某一国家的数据比例,Sudi Sudarsanam (2013)根据英国研究数据指出,20世纪70—90年代,英国并购的失败率约50%[⑩]。

多数学者认为,中国企业跨境并购失败率很高,成功率很低。张建红等(2010)根据数据测算指出,中国企业的跨境并购有49%的交易未

① Robert F. Bruner.铁血并购——从失败中总结出来的教训[M].沈嘉,译.上海:上海财经大学出版社,2008:7-8.

② 张建红,卫新江,海柯·艾伯斯.决定中国企业海外收购成败的因素分析[J].管理世界,2010,(3):97-107.

③ Sudi Sudarsanam.并购创造价值(第二版)[M].芮萌,译.北京:中国人民大学出版社,2013:218-222.

④ 杨春桃.中国企业海外并购及东道国法律规制典型案例分析[M].北京:首都经济贸易大学出版社,2014:9.

⑤ 何志毅,柯银斌.中国企业跨国并购10大案例[M].上海:上海交通大学出版社,2010:154-155.

⑥ 黄嵩,李昕旸.兼并与收购[M].北京:中国发展出版社,2008:93.

⑦ 同⑤:1.

⑧ 同④:158.

⑨ 于桂琴.中国企业跨国并购政治、法律风险分析与防范对策[J].经济界,2008,(2):65-68.

⑩ 同③:667-668.

能达成[①]。杨春桃(2014)根据统计数据指出,中国跨境并购的失败率高达67%[②]。马建威(2011)研究认为,全球跨境并购的成功率约为50%,而中国企业跨境并购的成功率不到30%[③]。阎大颖(2009)研究认为,若以跨境并购后2—3年的盈利为衡量尺度,中国企业的跨境并购成功率不足三成[④]。余力和刘英(2004)研究认为,中国企业并购成功率相当低,不超过20%,致使中国企业的并购史成为许多并购企业的痛苦史[⑤]。

二、跨境并购成败的影响因素

1. 跨境并购成败的影响因素概论

从概要上讲,并购(包括跨境并购)成败有诸多影响因素,认识这些因素,有利于并购(包括跨境并购)更好地进行。Sudi Sudarsanam(2013)认为,对并购失败的程度以及导致失败的因素的认定,对于应对并购过程中的风险与挑战有着重要意义,也有助于在未来构造成功的并购[⑥]。企业经营失败最常见的三个原因分别是经济因素、财务因素和管理因素(Patrick A. Gaughan, 2004)[⑦]。跨境并购也是如此,跨境并购失败是企业经营失败之一种。Robert F. Bruner(2008)认为,并购失败的影响因素有战略、并购公司与目标公司之间的匹配、为并购案量身定制的支付条件,那些最糟糕的并购交易,反映了一种出现在"发热"市场条件下的倾向[⑧]。Robert F. Bruner(2008)强调,任何并购都有其特殊性,必须在表现科学研究观点倾向的时

① 张建红,卫新江,海柯・艾伯斯.决定中国企业海外收购成败的因素分析[J].管理世界,2010,(3):97-107.

② 杨春桃.中国企业海外并购及东道国法律规制典型案例分析[M].北京:首都经济贸易大学出版社,2014:9.

③ 马建威.中国企业海外并购绩效研究[D].北京:财政部财政科学研究所博士学位论文,2011.

④ 阎大颖.国际经验、文化距离与中国企业海外并购的经营绩效[J].经济评论,2009,(1):83-90.

⑤ 余力,刘英.中国上市公司并购绩效的实证分析[J].当代经济科学,2004,(4):68-74.

⑥ Sudi Sudarsanam.并购创造价值(第二版)[M].芮萌,译.北京:中国人民大学出版社,2013:80.

⑦ Patrick A.Gaughan.兼并、收购与公司重组[M].朱宝宪,吴亚君,译.北京:机械工业出版社,2010:276-277.

⑧ Robert F. Bruner.铁血并购——从失败中总结出来的教训[M].沈嘉,译.上海:上海财经大学出版社,2008:7-8.

候，观察某些影响并购盈亏的相邻因素，这些相邻因素有战略、投资机会、交易策划、治理[①]。

张建红等(2010)通过对 1 324 个中国企业跨境并购案例的实证研究发现，中国企业跨境并购成功率低，一方面源自双方政治和体制的限制，另一方面则是由中国企业本身的发展水平和国际化程度不高所致[②]。因此，中国企业跨境并购的成败，既与国家层面因素有关，也与企业层面因素有关，还与交易层面因素有关。

2. 跨境并购成败的文化距离

最容易想到的国家层面的跨境并购成败影响因素就是文化，因为跨境并购涉及两个或两个以上国家，而国与国之间最大的不同就在于文化不同。虽然比较国家与国家间的差异，可用正式制度距离和非正式制度距离，正式制度距离关乎政治和法律，非正式制度距离关乎文化，但从一定意义上讲，政治和法律也是一种文化。

阎大颖(2011)综合国际商务战略领域的制度观和组织学习理论，选取 1982—2010 年中国企业跨境并购有效样本 1 848 起，对中国企业跨境并购成败与否的决定因素进行理论和实证研究，其结论为：正式制度距离以及非正式制度距离与跨境并购的成功率显著负相关[③]。其意即为，文化距离与跨境并购成功率显著负相关。也有学者强调，文化决定跨境并购整合，整合决定跨境并购成败。田泽(2010)根据有关调查与统计认为，企业并购失败最大的原因在于文化整合问题，与国内并购相比，企业的跨境并购面临更大的文化整合挑战。跨文化整合贯穿于其他各项整合之中，是跨境并购成功的关键[④]。其他国家学者的研究也认同文化对并购(包括跨境并购)成败的关键影响。Sudi Sudarsanam(2013)研究英国的并购成败调查数据认为，导致失败的因

---

① Robert F. Bruner.铁血并购——从失败中总结出来的教训[M].沈嘉，译.上海：上海财经大学出版社，2008：26-40。

② 张建红，卫新江，海柯·艾伯斯.决定中国企业海外收购成败的因素分析[J].管理世界，2010，(3)：97-107.

③ 阎大颖.制度距离、国际经验与中国企业海外并购的成败问题研究[J].南开经济研究，2011，(5)：75-93.

④ 田泽.中国企业海外并购理论与实践研究[M].北京：化学工业出版社，2010：165.

素有文化差异、整合不力等;成功的因素则有有力整合、文化契合等[①]。

3. 跨境并购成败的目标公司是否在发达国家

国家层面的跨境并购成败影响因素中,与文化并重的就是经济、政治、法律等,而其中的核心是经济,从跨境并购角度讲,政治和法律等也可以体现为经济。区分一个国家的经济或经济发展水平,发达国家与非发达国家或发达国家与发展中国家是通行标准。发达国家或非发达国家既关乎国家层面的经济因素,也关乎国家层面的政治、法律等因素。中国企业跨境并购,选择发达国家或非发达国家直接体现为相对国家和企业的竞争优势,即是否具备邓宁理论的"O+I+L"优势和条件,从而影响跨境并购成败。而且,以经合组织为代表的发达国家与中国还存在商业准则甚至价值观等诸多方面的明显不同,也构成了中国企业跨境并购发达国家目标公司的困难和障碍。

我国民营企业跨境并购时则倾向发达国家。邹建卫(2008)认为,我国民营企业主要青睐于发达国家企业,主要选择陷入困境企业,采取多样化的融资方式[②]。当然,发达国家也有其吸引跨境并购等对外直接投资的优势,从而有助于跨境并购的成功。阎大颖(2011)的研究结论是,东道国外资开放度较高,则有助于提高并购的成功率[③]。一般而言,发达国家相较非发达国家的外资开放度更高。

4. 跨境并购成败的并购公司是否为国有企业

企业层面的跨境并购成败影响因素,对于中国企业跨境并购是否为国有企业,不论已有多少研究或多少结论,都可以再次研究或继续研究,因为这是中国式跨境并购无法回避且必须谈及的核心特征。本书在分析中国式跨境并购浪潮、动因、风险时已经强调,国有企业是中国企业跨境并购成败和绩效影响因素中一个需要重点关注的问题,是本书的核心关注点之一。联合国贸易和发展会议《2011 年世界投资报告》中的数据显示:全球至少有

---

① Sudi Sudarsanam.并购创造价值(第二版)[M].芮萌,译.北京:中国人民大学出版社,2013:667-668.

② 邹建卫.中国民营企业跨国并购研究[D].厦门:厦门大学硕士学位论文,2008.

③ 阎大颖.制度距离、国际经验与中国企业海外并购的成败问题研究[J].南开经济研究,2011,(5):75-93.

650家国有跨国公司及其8 500家外国子公司，虽然不到跨国公司总数的1%，但其直接投资数额巨大，接近全球2010年直接投资流量的11%。在全球跨国公司100强中，国有跨国公司占据了19席。虽然发达国家仍然保有大量的国有跨国公司，但一半以上(56%)的国有跨国公司都位于发展中和转型期经济体①。因此，与资本离境问题一样，资本离境正常，但中国式资本离境因超高比例和数额而异常；国有企业正常，但中国国有企业在经济中的绝对主导地位与多数国家不同。在中国国内，绝对正常，且为中国特色；但从跨境并购角度讲，为异常。

多数学者认为，中国国有企业与跨境并购成功逆向而行。马建威(2011)认为，全球跨境并购中，中国企业跨境并购的失败率远高于世界平均水平；而国有企业跨境并购的失败率又高于民营企业主导的跨境并购事件②。阎大颖(2011)的研究结论为，如并购公司属国有控股企业，将对并购成功有明显的负面影响③。张建红等(2010)通过对1 324个中国企业跨境并购案例的实证研究发现，从微观层面来看，并购公司的国有者身份不利于并购顺利进行④。也有学者分析其中的原因。张传民(2012)通过国有企业与中国政府、目标公司、东道国政府之间的博弈分析，探究了国企跨境并购低成功率的根源，如政府政策导致不具备跨境并购能力的企业出海、国企缺乏资金外的其他竞争优势、国企的官商双重身份等⑤。何帆(2013)认为，在中国的能源资源海外投资中，由于以国有企业为主，因此遇到了较大的阻力⑥。杨春桃(2014)认为，中国企业跨境并购，以公有制为主体的国有大中型企业占据主导地位；而国有大中型企业本身存在着以行政领导代替企业自主经营等企业治理结构上的问题，这就为中国企业跨境并购成功之后的

---

① 联合国贸易和发展会议.2011年世界投资报告[R].纽约和日内瓦：联合国，2011.

② 马建威.中国企业海外并购绩效研究[D].北京：财政部财政科学研究所博士学位论文，2011.

③ 阎大颖.制度距离、国际经验与中国企业海外并购的成败问题研究[J].南开经济研究，2011，(5)：75-93.

④ 张建红，卫新江，海柯·艾伯斯.决定中国企业海外收购成败的因素分析[J].管理世界，2010，(3)：97-107.

⑤ 张传民.中国国企跨国并购低成功率的原因分析——基于博弈论的分析方法[D].北京：中国青年政治学院博士学位论文，2012.

⑥ 何帆.中国对外投资的特征与风险[M].见：黄益平，何帆，张永生.中国对外直接投资研究.北京：北京大学出版社，2013：26.

整合和经营管理增添了难度①。还有学者关注国有企业对民营企业等非国有企业的冲击，即使远在海外，也无例外。Min Ye(2013)认为，至少有三个现存的障碍阻止了创新型和低成本的中国民营企业进行跨境并购等对外直接投资：第一个是中国的对外直接投资政策；第二个是国有企业在中国的主导地位；第三个是国有下属企业在海外市场对民营企业的冲击②。

也有学者认为，中国政府就是国有资产的代表，就是跨境并购的主体，国家支持国有企业理所当然。姜秀珍和徐波(2005)认为，跨境并购是中国企业实现跨国经营的重要方式，但跨境并购并不只是一个纯粹的企业行为。我国政府是国有资产所有者的代表，政府不是并购活动的裁判，而是并购活动的一个主体。在全球化的进程中，国家在商业、政治、外交上支持企业，已是国际通行的行为准则③。有学者总结，发达国家对其本国企业跨境并购也有支持性政策。柏航周和靳雪银(2011)总结发达国家对跨境并购的支持性政策有海外投资保证制度、财税支持、政策性金融机构支持、政治支持④。

5. 跨境并购是否为同行业并购

企业层面的跨境并购成败影响因素中，是否为同行业并购也是一个重要问题。发展还是不发展，横向发展、纵向发展还是多元或综合发展，是一个企业时时需要思考和决策的。在前文所述的美国并购史上，到1989年为止，在1970—1982年发生的跨行业并购中，有60%又被出售和剥离了。经济理论指出，增强专业化程度可以提高生产力，工业革命以来的资本主义历史证明了这一点。混合并购作为非同行业并购，其产生的综合性企业代表了一种远离专业化的趋势，因而失败。

同行业并购更易成功，原因之一在于共处同行，更易了解和把控。Sudi Sudarsanam(2013)研究英国的并购成败调查数据认为，对目标公司及其所

① 杨春桃.中国企业海外并购及东道国法律规制典型案例分析[M].北京：首都经济贸易大学出版社，2014：9.

② Min Ye.中国内部制度如何影响对外直接投资[R].张琨，译. 思想库报告，2013，(9)：23.

③ 姜秀珍，徐波.跨国并购中的政府职能定位——CFIUS调查联想与IBM并购交易的反思[J].国际商务研究，2005，(4)：20-23.

④ 柏航周，靳雪银.政府支持对跨国并购作用的国际经验及启示研究[J].决策与信息，2011，(11)：175-176.

处行业的了解是成功的因素之一[①]。但也有学者的研究结论不同。张建红等(2010)研究发现,产业匹配对并购的完成没有显著影响[②]。在中国企业跨境并购中,民营企业主多选横向并购,即同行业并购。邹建卫(2008)认为,与规模巨大、以第三产业跨境并购为主的当今世界跨境并购浪潮的特点不同,我国民营企业跨境并购的特点是规模小、集中于第二产业、横向并购为主[③]。

是否为同行业并购既是企业层面的问题,因为其直接决定选择一个什么样的目标公司;也可能是交易层面的问题,因为同行业与否也是一个交易特点。但两者比较,本书认为,将之归类企业层面更具合理性。

6. 跨境并购是否为绝对控股并购

交易层面的跨境并购成败影响因素中,是否绝对控股是其一因素。购买公司股份之控股和非控股区别很大。控股权的取得,不仅获得了股票所有权,也获得了公司控制权。控股权可以左右公司决策,可以利用公司资产最大化自己的股票价值,即可获得额外收益。由控股权而带来的额外收益也是有价格的,投资人应为之而支付的是控股贴水,或称控股溢价。控股权与非控股权的价值比较数据显示,控股权的价值较高。因此,从一般意义上判断,绝对控股并购较之非绝对控股并购似乎更难。但有学者的研究结论不支持上述观点,张建红等(2010)研究发现,从交易层面看,并购比例对并购的完成没有显著影响[④]。

7. 跨境并购是否以现金形式支付

交易层面的跨境并购成败影响因素中,是否以现金形式支付是又一因素。支付方式是交易条件的重要内容之一(Robert F. Bruner, 2008)[⑤]。对价形式则是区分失败的并购交易与成功的并购交易之间的特征差异的因素

---

① Sudi Sudarsanam.并购创造价值(第二版)[M].芮萌,译.北京:中国人民大学出版社,2013:667-668.

② 张建红,卫新江,海柯·艾伯斯.决定中国企业海外收购成败的因素分析[J].管理世界,2010,(3):97-107.

③ 邹建卫.中国民营企业跨国并购研究[D].厦门:厦门大学硕士学位论文,2008.

④ 同②.

⑤ Robert F. Bruner.铁血并购——从失败中总结出来的教训[M].沈嘉,译.上海:上海财经大学出版社,2008:26-40.

之一(Tyrone M. Carlin et al., 2009)①。Sudi Sudarsanam(2013)认为,从历史上看,现金是最受欢迎的支付方式,但在股市向好时,通常又会向股份交换支付和混合支付转变。支付方式的选择由一系列因素决定。支付方式通常会影响并购的结果。并购公司会选择不同的支付方式,以增加并购成功的几率;目标公司则为了保护自身利益而要求不同的支付方式②。

8. 跨境并购的目标公司是否为资源类企业

中国企业跨境并购有三个关键特征,即政府导向、国企主导、资源获取,因此,目标公司是否为资源类企业是本书需要关注的一个跨境并购成败影响因素。联合国贸易和发展会议《2013 年世界投资报告》称,由于监管顾虑或政治反对而撤销的并购交易,主要以采掘业为目标,在 2012 年撤销的所有跨境并购中所占比例约为 22%,而在 2010 年曾达到逾 30%的峰值③。并购撤销的原因很多,其中的政治反对则主要针对采矿业。阎大颖(2011)认为,如目标公司是自然资源类企业,将对并购成功有明显负面影响④。何帆(2013)认为,各国对涉及能源行业的跨境并购审批都非常严格,中国企业的能源资源跨境并购等对外直接投资更是经常被染上政治化的色彩,被国际媒体大肆渲染。能源资源海外投资遇到的政治风险,也明显高于其他领域。中国能源资源类企业本身也存在着国际化程度较低、国际化人才匮乏、部分企业社会责任感缺失等问题⑤。张建红等(2010)的研究发现,从宏观层面来看,政治阻力与并购成功显著负相关⑥。因此,中国企业的能源资源跨境并购政治阻力更大,影响跨境并购成败。

---

① Tyrone M. Carlin, Nigel Finch, Guy Ford.过火的交易：杀手收购案例[M].见：Greg N. Gregoriou, Karyn L.Neuhauser.企业并购逻辑与趋势.巴曙松等,译.北京：北京大学出版社,2009：252-253.

② Sudi Sudarsanam.并购创造价值(第二版)[M].芮萌,译.北京:中国人民大学出版社,2013:482.

③ 联合国贸易和发展会议.2013 年世界投资报告[R].纽约和日内瓦:联合国,2013.

④ 阎大颖.制度距离、国际经验与中国企业海外并购的成败问题研究[J].南开经济研究,2011,(5):75-93.

⑤ 何帆.中国对外投资的特征与风险[M].见：黄益平,何帆,张永生.中国对外直接投资研究.北京：北京大学出版社,2013：26.

⑥ 张建红,卫新江,海柯·艾伯斯.决定中国企业海外收购成败的因素分析[J].管理世界,2010,(3):107.

9. 跨境并购企业是否有跨境并购的经验

是否有跨境并购经验也是经常被提及的并购成败影响因素。在这一问题上，中外学者多有相同观点。Sudi Sudarsanam(2013)研究英国的并购成败调查数据认为，缺乏并购经验是导致失败的因素之一①。阎大颖(2011)的研究结论为，企业以往成功完成跨境并购的国际经验，与后续并购的成功率显著正相关②。张建红等(2010)的研究发现，从微观层面来看，成功经验对后来并购有显著正面影响③。

10. 跨境并购的目标公司是否为非上市公司

中国企业的主要分类是国有企业和非国有企业，外国企业的主要分类为上市公司和非上市公司，因此，目标公司是否为非上市公司也是本书关注的跨境并购成败影响因素。阎大颖(2011)的研究结论为，如果目标公司是上市公司，将对并购成功有明显负面影响④。所以，中国企业在实施跨境并购时，并购境外非上市公司更易成功。

11. 影响跨境并购成败的其他因素

影响跨境并购成败的其他因素也为学者所关注。如关于跨境并购成败之并购公司是否上市公司。张诚和赵剑波(2012)对中国上市公司高管团队与跨境并购股权份额的关系，以及民营企业所有制的调节作用⑤进行了实证分析。关于跨境并购成败之并购公司是否海外上市，杜群和徐臻(2010)基于事件研究法和财务分析法的研究结论为，海外运营经验对降低并购风险、提高并购绩效有重要作用⑥。关于跨境并购成败之目标公司是否为高科技企业，张建红等(2010)的研究发现，从微观层面来看，目标公司的科技含量

---

① Sudi Sudarsanam.并购创造价值(第二版)[M].芮萌，译.北京：中国人民大学出版社，2013：667-668.

② 阎大颖.制度距离、国际经验与中国企业海外并购的成败问题研究[J].南开经济研究，2011,(5)：75-93.

③ 张建红，卫新江，海柯·艾伯斯.决定中国企业海外收购成败的因素分析[J].管理世界，2010,(3)：97-107.

④ 同②.

⑤ 张诚，赵剑波.高管团队异质性、企业所有制与海外股权并购——来自中国上市公司的经验证据[J].北京工商大学学报(社会科学版)，2012,27(2)：55.

⑥ 杜群阳，徐臻.中国企业海外并购的绩效与风险：评价模型与实证研究[J].国际贸易问题，2010,(9)：65-71.

对并购完成没有显著影响[①]。关于跨境并购成败宏观层面的国家间经济关联度，张建红等(2010)的研究发现，从宏观层面来看，国家间的经济关联度与并购成功显著正相关[②]。其他跨境并购成败影响因素还包括相对规模、合并公司的市场力量等。Tyrone M. Carlin 等(2009)认为，区分失败的并购交易与成功的并购交易之间特征差异的因素，包括目标公司和并购公司的相对规模、策略关联度、并购公司业绩记录、合并公司的市场力量、国内并购或跨境并购等[③]。专业顾问同样可能是跨境并购成败的影响因素。阎大颖(2011)的研究结论为，并购公司聘用国际知名并购专业顾问，有助于提高并购成功率[④]。张建红等(2010)的研究发现，从交易层面看，专业顾问对并购顺利推进有明显的积极作用[⑤]。

三、跨境并购绩效的影响因素

1. 跨境并购绩效的影响因素概论

在论及并购(包括跨境并购)绩效具体影响因素之前，学者们首先争论的是并购无绩效、并购有绩效、并购绩效之有无不显著的不同观点。从国外到国内，莫不如是。

从国外看，更多的研究结果认为并购无绩效。Patrick A. Gaughan (2004)认为，关于并购的价值影响，人们做了很多研究，大部分集中在 20 世纪 80 年代早期，不过这些研究结果在后来仍然适用。这些研究多集中于并购的短期影响，考察的时间是并购前后几个月。总的说来，分析并购短期绩效相关的研究结果给出了五个一般性的结论：目标公司的股东从并购中获益；敌意并购能使目标公司股东获得更高的收益；目标公司的债券持有人和

---

① 张建红，卫新江，海柯 · 艾伯斯.决定中国企业海外收购成败的因素分析[J].管理世界，2010，(3)：97-107.

② 同上.

③ Tyrone M.Carlin，Nigel Finch，Guy Ford.过火的交易：杀手收购案例[M].见：Greg N. Gregoriou，Karyn L.Neuhauser.企业并购逻辑与趋势.巴曙松等，译.北京：北京大学出版社，2009：252-253.

④ 阎大颖.制度距离、国际经验与中国企业海外并购的成败问题研究[J].南开经济研究，2011，(5)：75-93.

⑤ 同①.

优先股股东从并购中获益;并购公司股东通常从并购中获得零收益甚至负收益;敌意并购给并购公司股东带来少量收益或是零收益。最近,研究者们开始把注意力转到并购的长期影响上。有研究发现,在并购合同生效后的三年里,没有发现显著的超额收益;在并购后的五年里,并购公司股东平均损失达10%。上述研究结果说明,并购前进行合理分析非常重要①。

其他学者的结论基本相同。Sudi Sudarsanam(2013)总结并购绩效的已有研究,美国、英国、欧洲大陆的结论相似或类同,从股票回报看,短期内目标公司的股东会获得大量的收益,并购公司股东获得的收益是微不足道的或较不明显的,双方股东联合起来只能获得比较小的正收益;并购公司在长期中遭受了巨大的财富损失;从整体来看,并购创造了价值,但是这些价值大部分归目标公司的股东所有。从经营业绩看,对美国研究的三种结论各不相同,或认为并购后公司比并购前公司的盈利性下降,或认为经营业绩得到显著改善,或认为并购没有使公司的经营业绩有任何改善。对英国的研究发现,并购发生后的业绩出现了明显的改善,然而从整体来看,尚无证据表明这种业绩改善是持久的。对欧洲大陆的研究则是并购不能够显著提高公司的盈利能力,甚至表现出较差的业绩;并购后糟糕和惨淡的经营业绩,似乎是许多国家共有的现象②。

概括过去二十年中的并购浪潮,较为确定和普遍的现象是,并购活动往往不能为并购公司股东创造价值,当用收益超过投资成本这个标准来衡量并购时,绝大多数被调查公司都不能创造价值,在长期中更是如此(Sudi Sudarsanam,2013)③。所以,并购无绩效论者认为,并购是高风险"赌博"。Sudi Sudarsanam(2013)认为,从美国和欧洲大量针对并购的财富创造表现的研究来看,平均而言,并购公司的股东将承受财富损失,最好的情况也不过是保持原有财富;目标公司的股东则会从并购中受益,超额收益率约为20%—43%。大量研究表明,在并购交易完成后的几年内,并购公司的业绩

① Patrick A. Gaughan.兼并、收购与公司重组[M].朱宝宪,吴亚君,译.北京:机械工业出版社,2010:334-337.

② Sudi Sudarsanam.并购创造价值(第二版)[M].芮萌,译.北京:中国人民大学出版社,2013:90-98.

③ 同上书:704.

表现会出现急剧下滑。大样本的统计研究表明，大部分的并购并不能帮助企业实现原定的并购目标，并购往往会损害而不是提高并购公司股东的财富，并购能够积极地为股东创造财富的可能性甚至小于 50%。因此，并购是一场高风险的“赌博”活动[①]。至于专论跨境并购，尽管此前已述其成功率可能高于本土并购，但跨境并购的效果并不比本土并购的效果好（Sudi Sudarsanam，2013）[②]。

也有学者的研究结论与上述并购无绩效论正好相反，持并购有绩效论。Karyn L. Neuhauser（2009）总结并购绩效，很多文献都对企业并购交易的短期价值作用（短期绩效）进行了实证研究，这些研究一致认为目标公司的股东可以获得正的累积超额收益率（CAR），根据时段和交易类型的不同，大约在 15%—40%；虽然并购公司的超额收益率接近于 0，或者甚至为负，但并购公司和目标公司的合并收益为正。这说明并购行为总体上产生了价值[③]。Robert F. Bruner（2008）认为，并购交易为目标公司股东创造了溢价收益；关于并购公司股东收益，揭示了一个较强的正偏差；关于并购公司和目标公司合并的超额收益，研究结果为正收益。平均而言，并购会产生收益，大多数并购交易产生了至少能够补偿投资者机会成本的财务绩效，并购公司通常能够获得适当而不是更多的收益[④]。

Michael C. Jenson 和 Richard S. Ruback（1983）也认为，公司并购产生了积极的收益，目标公司股东获得利益，并购公司股东也没有损失[⑤]。Robert F. Bruner（2008）进而认为，并购能够创造收益，目标公司的股东能够通过并购交易获得很高的收益，并购公司和目标公司股东在公司合并以后都能获得可观的正收益，并购公司的股东通常都能获得他们所要求的投

---

① Sudi Sudarsanam.并购创造价值（第二版）[M].芮萌，译.北京：中国人民大学出版社，2013：2.

② 同上书：218-222.

③ Karyn L. Neuhauser. 兼并与收购. 全球视野[M]. 见：Greg N. Gregoriou，Karyn L. Neuhauser.企业并购逻辑与趋势.巴曙松等，译.北京：北京大学出版社，2009：1.

④ Robert F. Bruner.铁血并购——从失败中总结出来的教训[M].沈嘉，译.上海：上海财经大学出版社，2008：20-24.

⑤ Michael C. Jenson，Richard S. Ruback. The Market for Corporate Control — The Scientific Evidence[J]. Journal of Financial Economics，1983，11：5-50.

资收益率[①]。从并购(包括跨境并购)有无绩效自然延伸的问题就是,是什么因素影响了并购绩效之有无。Sudi Sudarsanam(2013)根据调查指出,并购不同阶段中的差错,导致并购后不能创造价值。这些差错包括：低度相符的战略;组织性核查和协调能力的缺乏导致接受潜在的问题,以及低水平的尽职调查能力;相应规章制度在并购交易达成过程中的缺失;较差的整合模型[②]。

关于中国企业跨境并购的绩效问题,有学者持绩效良好论。邵新建等(2012)认为,中国企业跨境并购总体上都获得了市场的积极评价,并购公告前后共 21 个交易日平均累计超额收益率达 5.22%,并购决策为公司股东带来了显著的财富效应[③]。陆瑶等(2011)基于 1995—2010 年在上海、深圳、香港、纽约交易所和纳斯达克上市的 275 起中国公司跨境并购样本,研究企业绩效并发现,我国上市公司总体在并购公告发布前后,特别是在事件窗内获得了正的累计超额收益[④]。顾露露和 Robert Reed(2011)采集 1994—2009 年中国企业跨境并购的数据,以 106 家中国企业的 157 个样本研究跨境并购的短期和中长期股票市场绩效,其研究结论为,中国企业跨境并购事件公告日市场绩效明显为正,3 年期超额收益仍然保持非负[⑤]。

也有学者认为,跨境并购对企业绩效的影响不显著。吴茜茜(2011)研究认为,从实证结果看,跨境并购对企业绩效的影响并不显著[⑥]。阎大颖(2009)以 2000—2007 年中国内地和香港地区上市的非金融类企业 129 起跨境并购交易为样本,对企业实施跨境并购后的微观绩效及影响因素进行了理论分析和实证考察,对现金流和账面收益财务指标的描述统计表明,中

① Robert F. Bruner.铁血并购——从失败中总结出来的教训[M].沈嘉,译.上海：上海财经大学出版社,2008：13.

② Sudi Sudarsanam.并购创造价值(第二版)[M].芮萌,译.北京：中国人民大学出版社,2013：682-683.

③ 邵新建,巫和懋,肖立晟,等.中国企业跨国并购的战略目标与经营绩效：基于 A 股市场的评价[J].世界经济,2012,(5)：81-103.

④ 陆瑶,闫聪,朱玉杰.对外跨国并购能否为中国企业创造价值?[J].清华大学学报(自然科学版),2011,51(8)：1145-1154.

⑤ 顾露露,Robert Reed.中国企业海外并购失败了吗?[J].经济研究,2011,(7)：116-127.

⑥ 吴茜茜.中国企业跨国并购绩效实证研究——基于主成分分析法[D].上海：复旦大学硕士学位论文,2011.

国企业跨境并购后的绩效与并购前相比，总体上并没有显著改善①。有学者从动态角度分析，认为中国企业跨境并购绩效，在并购发生的三年内先升、后降、再到不显著，是一个变化并归于不显著的过程。冯根福和吴林江(2001)选取1995—1998年我国上市公司201起并购事件的样本，以财务和会计数据进行综合分析，其从并购角度实证检验我国上市公司绩效的研究结论是，整体上的并购绩效在并购当年和次年有提升，随后普遍下降，至第三年，显著性水平已经不高②。

有学者的研究结论是，中国企业跨境并购绩效不佳，或整体不佳。钱婷等(2011)基于中国上市公司2001—2010年的91项海外股权并购样本，运用事件研究法分析发现，在大部分的事件期内，跨境并购取得显著为负的累计超额收益③。马建威(2011)对我国企业2007—2009年的跨境并购样本进行实证检验，认为我国企业跨境并购表现并不是很好，累计超额收益率总体上为负值，且呈现不断下降的趋势④。王仁荣(2012)研究认为，中国企业跨境并购的整体绩效不佳⑤。有学者关注中国国有企业跨境并购绩效，也认为整体不佳。张传民(2012)研究认为，中国企业跨境并购中的国有企业的并购整体效果不佳⑥。有学者在得出中国企业跨境并购绩效为负的同时，关注到并购公司资源配置水平对跨境并购绩效的影响。刘艳春等(2013)对中国企业跨境并购绩效的实证研究结果为，跨境并购活动在整合期内对商业银行绩效有负效应，多个行业跨境并购整合完成后并购绩效依然为负，并购公司的资源配置水平决定并购活动对绩效表现的影响⑦。

2. 跨境并购的文化距离

跨境并购中，整合是关键；整合中，文化是关键。因此，从国家层面讲，

---

① 阎大颖.制度约束与中国企业跨国并购的经营绩效[J].山西财经大学学报，2009，31(1)：63-69.

② 冯根福，吴林江.我国上市公司并购绩效的实证研究[J].经济研究，2001，(1)：54-61.

③ 钱婷，邢喆，张诚.股东特征、海外并购与市场绩效——来自中国上市公司的经验数据.见：中国管理现代化研究会[C].第六届(2011)中国管理学年会论文摘要集.2011年.

④ 马建威，张捷.中国企业海外并购绩效研究[D].北京：财政部财政科学研究所博士学位论文，2011.

⑤ 王仁荣.跨国公司跨境并购法律问题研究[D].上海：复旦大学博士学位论文，2012.

⑥ 张传民.中国国企跨国并购低成功率的原因分析——基于博弈论的分析方法[D].北京：中国青年政治学院博士学位论文，2012.

⑦ 刘艳春，赵一，胡微娜，等.基于超效率数据包络分析模型的海外并购绩效　金融危机后的行业数据检验[J].经济与管理研究，2013，(3)：61-65.

文化距离是影响跨境并购绩效的最关键因素之一。在文化对跨境并购绩效的影响上，中外学者的研究结论相同。Kenneth R. Ahern 等(2012)研究认为，文化对跨境并购有多方面的实质影响；国家文化不同，会导致跨境并购交易数量和协同效应的不同；文化距离大，跨境并购交易数量少；文化距离大，也会导致跨境并购收益低①。阎大颖(2009)选取 2000—2007 年中国在内地和香港地区上市的非金融类企业的 129 起跨境并购为样本，以现金流、账面收益和股东收益指标等，考察跨境并购绩效，其结论为，选取文化距离小的东道国，跨境并购后的绩效也越好②。

当然，文化与政治、经济、法律互相影响，在一定程度上可以说，一国的政治、经济、法律也是该国的一种文化。杨群(2012)的研究认为，并购过程受经济制度与政治制度的双约束，经济制度与政治制度最终需要通过法律的形式进行保障，文化隐性制度对经济、政治及法律等显性制度具有显性影响，正式制度的外显与文化制度的内隐、制度的形式与文化的适应之间具有互为影响的辩证关系。国家及企业层面制度因素互为影响，客观层面的制度因素又会直接或间接对企业并购成本与绩效产生影响③。

从更直观的角度看，中国大陆与中国香港文化距离小，至少小于中国文化与其他国家文化的距离。因此，吴茜茜(2011)研究结论即为，从目标区域看，除了香港地区以外，中国企业跨境并购对企业整体绩效均无显著提高，甚至不及并购前④。东道国规范的制度当然也是东道国的文化。阎大颖(2009)研究认为，东道国规范的制度约束越小，跨境并购后的绩效越好⑤。

3. 跨境并购的目标公司是否在发达国家

国家层面的跨境并购绩效影响因素，即目标公司在发达国家还是非发

---

① Ahern K.R., D. Daminelli, C. Fracassi. Lost in translation? The effect of cultural values on mergers around the world[J]. Journal of Financial Economics, 2012, http://dx.doi.org/10.1016/j.jfineco.2012.08.006.

② 阎大颖.国际经验、文化距离与中国企业海外并购的经营绩效[J].经济评论，2009,(1)：83-90.

③ 杨群.中国企业海外并购的制度因素研究[D].南昌：江西财经大学博士学位论文，2012.

④ 吴茜茜.中国企业跨国并购绩效实证研究——基于主成分分析法[D].上海：复旦大学硕士学位论文，2011.

⑤ 阎大颖.制度约束与中国企业跨国并购的经营绩效[J].山西财经大学学报，2009,31(1)：63-69.

达国家，如同其对并购成败的影响一样，直接决定了一个企业跨境并购时是否具有邓宁理论的“O+I+L”的条件和优势。John Doukas 和 Nickolaos G. Travlos(1988)的研究认为，当美国企业在一个新的行业或地域的市场进行跨境并购，尤其是在发展程度不及美国的经济体进行并购时，股东收益会更大[①]。可见，即使是美国的企业，其跨境并购选择发展程度更低的国家的目标公司会使并购绩效更好。

中国企业跨境并购由于有政府导向动因，反而偏爱发达国家和地区。顾露露和 Robert Reed(2011)采集 1994—2009 年中国企业跨境并购的数据，以 106 家中国企业的 157 起并购为样本，研究跨境并购的短期和中长期股票市场绩效，发现受政府“走出去”政策的指导，中国式并购的大部分目标公司位于发达国家和地区[②]。在政府导向之下，中国的国有企业更是将目标直指发达国家和资源地区。张传民(2012)的研究认为，中国企业跨境并购的国有企业的并购区域集中于经济发达和资源丰裕地区[③]。中国为非发达国家，中国企业跨境并购发达国家企业还是非发达国家企业，直接体现为是否具有相对国家竞争优势；从企业层面，则是具备或不具备邓宁理论的“O+I+L”条件和优势。阎大颖(2009)的研究结论为，相对国家竞争优势是影响中国企业跨境并购的特有和显著因素[④]。但是，澳大利亚是发达国家，而有国外学者研究中国企业在澳大利亚的跨境并购等对外直接投资绩效时，结论却非常乐观。Shiro Armstrong(2011)的研究认为，中国对澳投资取得的绩效，明显优于中国对外直接投资的平均水平，2008 年达到 57%；这也是中国在全球投资中最好的表现，并且远高于当年世界平均水平 41%[⑤]。

---

① Doukas J., N. G. Travlos. The Effect of Corporate Multinationalism on Shareholders' Wealth: Evidence from International Acquisitions[J]. The Journal of Finance, 1988, 43(5): 1161-1175.

② 顾露露，Robert Reed.中国企业海外并购失败了吗？[J]经济研究，2011，(7)：116-127.

③ 张传民.中国国企跨国并购低成功率的原因分析——基于博弈论的分析方法[D].北京：中国青年政治学院博士学位论文，2012.

④ 阎大颖.国际经验、文化距离与中国企业海外并购的经营绩效[J].经济评论，2009，(1)：83-90.

⑤ Shiro Armstrong.中国对外投资的规模与潜力评估：一种计量方法的视角[M].谢沛初，译.见：黄益平，何帆，张永生.中国对外直接投资研究.北京：北京大学出版社，2013：86.

也许,即使中国企业跨境并购一些非发达国家的企业,仍存在其他跨境并购绩效的国家层面的具体影响因素,从而导致并购绩效不佳。反之,跨境并购一些发达国家的企业,则会如在澳大利亚般,并购绩效反而良好。Shiro Armstrong(2011)的研究就认为,东道国的体制和管理水平会影响 FDI 的绩效,良好的腐败控制和法律制度能够对 FDI 绩效高作出有效的解释。尽管在部分发展中国家,对中国投资者而言投资环境较为宽松,然而,中国对发展中国家的投资所取得的效果较差,主要原因是当地腐败监管和法律制度不完善①。因此,虽然阎大颖(2009)的研究认为,东道国管制制度越严苛,中国企业跨境并购后绩效越差②。但是,对中国企业的跨境并购等对外直接投资而言,收入水平低的国家,并不一定比收入水平高的国家进入成本低③。

4. 跨境并购的并购公司是否为国有企业

在企业层面的跨境并购绩效影响因素中,中国的国有企业是被普遍关注的研究因素,且中外学者均有涉及。中国跨境并购等对外直接投资的公司治理中,所有权结构被认为是最重要因素之一④。因此,阎大颖(2009)的研究结论为,所有权属性,是影响中国企业跨境并购绩效的显著因素⑤。夏立军和方铁强(2005)选取 2001—2003 年我国证券市场 2 543 家样本公司进行实证研究,其结论为,79%的公司被各级政府控制,相对于非政府控制的上市公司来说,政府控制的上市公司的价值更低;上市公司所处地区市场化进程越快,政府干预越少,法治水平越高,则公司价值越高,并且这种关系在政府控制的上市公司中更为明显⑥。周杰等(2012)以市场化进程和地区开放度这两个制度环境特征为解释变量,实证检验其对企业跨境并购决策的影响效应,其结论为,企业所在地区的市场化进程,对跨境并

---

① Shiro Armstrong.中国对外投资的规模与潜力评估:一种计量方法的视角[M].谢沛初,译.见:黄益平,何帆,张永生.中国对外直接投资研究.北京:北京大学出版社,2013:86.

② 阎大颖.制度约束与中国企业跨国并购的经营绩效[J].山西财经大学学报,2009,31(1):63-69.

③ 田巍,余淼杰.企业生产率和企业"走出去"对外直接投资:基于企业层面数据的实证研究[M].见:黄益平,何帆,张永生.中国对外直接投资研究.北京:北京大学出版社,2013:202.

④ 崔林.次级股东的公司治理角色:中国对外直接投资研究[M].王戴黎,译.见:黄益平,何帆,张永生.中国对外直接投资研究.北京:北京大学出版社,2013:217-218.

⑤ 同②.

⑥ 夏立军,方铁强.政府控制、治理环境与公司价值——来自中国证券市场的经验数据[J].经济研究,2005,(5):40-50.

购动机存在替代效应；企业所在地区的对外开放程度，对跨境并购条件具有互补效应①。

具体到是否为国有企业与跨境并购绩效的关系，有学者认为，国有企业跨境并购的绩效更好。邵新建等(2012)认为，中国企业跨境并购时，并购公司实际控制人的国有性质能够让市场对并购绩效产生更加积极的评价②。陆瑶等(2011)基于1995—2010年在上海、深圳、香港、纽约交易所和纳斯达克上市的275起中国公司跨境并购样本，研究企业绩效并发现，国有性质的公司相对于非国有的民营、外资公司而言，跨境并购表现更好，超额收益更加显著③。钱婷等(2011)基于中国上市公司2001—2010年的91起跨境并购样本，运用事件研究法分析发现，国有控股性质的上市公司比私有控股公司的跨境并购的市场绩效更好④。马建威(2011)对我国企业2007—2009年的跨境并购样本进行实证检验，其对我国跨境并购研究的结论为，国有企业的累计超额收益率自正值而波动，且负值多于正值，民营企业的累计超额收益率则自负走低，不断下降，即国企的总体表现稍好于民企⑤。

也有学者认为，短期看，国有企业的并购绩效要优于非国有企业，长期看，两者并无显著差异。冯根福和吴林江(2001)选取1995—1998年我国上市公司201起并购事件的样本，以财务和会计数据进行综合分析，其从并购角度实证检验我国上市公司绩效的研究结论是，国家控股的上市公司与非国家控股的上市公司，短期看前者的并购绩效更优，长期看两者之间并无显著差异⑥。

还有学者认为，非国有企业跨境并购绩效优于国有企业。顾露露和Robert Reed(2011)采集1994—2009年中国企业跨境并购的数据，以106家中

---

① 周杰，薛有志，吴超.市场化进程、地区开放度与企业跨国并购[J].经济与管理研究，2012，(12)：115.

② 邵新建，巫和懋，肖立晟，等.中国企业跨国并购的战略目标与经营绩效：基于A股市场的评价[J].世界经济，2012，(5)：81-103.

③ 陆瑶，闫聪，朱玉杰.对外跨国并购能否为中国企业创造价值？[J].清华大学学报(自然科学版)，2011，51(8)：1145-1154.

④ 钱婷，邢喆，张诚.股东特征、海外并购与市场绩效——来自中国上市公司的经验数据[C].见：中国管理现代化研究会.第六届(2011)中国管理学年会论文摘要集.2011年.

⑤ 马建威.中国企业海外并购绩效研究[D].北京：财政部财政科学研究所博士学位论文，2011.

⑥ 冯根福，吴林江.我国上市公司并购绩效的实证研究[J].经济研究，2001，(1)：54-61.

国企业的157起并购为样本，研究跨境并购的短期和中长期股票市场绩效，其研究结论为，私有经营的并购企业比国有并购企业的绩效更佳①。

之所以观点不同，既因为国有企业与跨境并购绩效关系本身就比较复杂，也因为国企与政府的关系，也可能是因为关注和分析的角度不同。有学者关注政治关联与并购绩效的关系。杨柳勇和张晶晶(2012)采集了2001—2012年中国企业跨境并购样本，测量了中国企业跨境并购的公告日短期绩效，从企业层面研究了政治关联对跨境并购的影响及路径，其结论为，在政治关联度一定的条件下，政府干预度越高，并购绩效越低；融资便利性是政治关联度对并购绩效影响的重要途径之一，且具有融资便利的企业在跨境并购等对外直接投资中存在盲目性，对并购绩效有负面影响②。有学者研究，政府干预对并购绩效的影响。黄兴孪和沈维涛(2009)基于我国国有控股上市公司的政府干预与内部人控制双重治理特征，选取1999—2004年发生的国有控股上市公司对非上市公司的大额并购样本465个，研究政府干预行为对公司并购绩效的影响，其结论为，中央控制型国有控股上市公司的并购绩效，高于地方政府控制的国有控股上市公司；政府适度干预的公司并购绩效高于政府过度干预的上市公司③。有学者认为，国有企业并购有时只是政府或政府官员的工具。潘红波等(2008)以我国2001—2005年515个上市公司并购非上市公司的事件为样本，研究地方政府干预、政治关联对地方国有企业并购绩效的影响，其结论为，由于地方政府承担了较多的政策性负担，以及地方政府官员的政治晋升目标，地方政府有动机和能力通过并购活动来掠夺或支持其控制的公司，对于盈利的地方国有上市公司，地方政府干预对公司并购绩效有负的影响；对于亏损的地方国有上市公司，地方政府干预对公司并购绩效有正的影响。这也实证支持了“政府掠夺之手理论”和“政府支持之手理论”④。

---

① 顾露露，Robert Reed.中国企业海外并购失败了吗？[J].经济研究，2011，(7)：116-127.

② 杨柳勇，张晶晶.企业政治关联与跨国并购绩效：基于中国并购方数据[R].广州：中山大学第三届全国金融学博士生论坛，2012.

③ 黄兴孪，沈维涛.政府干预、内部人控制与上市公司并购绩效[J].经济管理，2009，31(6)：70-76.

④ 潘红波，夏新平，余明桂.政府干预、政治关联与地方国有企业并购[J].经济研究，2008，(4)：41-51.

有学者注意到，中国企业跨境并购，政府导向动因和公司股东利益最大化之间相违或冲突。Lulu Gu 和 W. R. Reed(2013)认为，中国企业运营过程中，政府因素十分重要；中国企业跨境并购所追求的海外资产占有的公共利益，和股东利益最大化的企业利益之间存在冲突；但是，在中国“走出去”战略的鼓励下，中国企业实施的跨境并购并未损害中国并购公司股东的利益①。Yuan Yi Chen 和 Michael N. Young(2010)的研究则认为，中国上市公司跨境并购交易中，大多数并购公司由中国政府控股；即使与小股东利益最大化相违，中国政府仍可能推进这些并购；这样的跨境并购交易的确引起投资者的顾虑②。

也有学者注意到，国有企业的垄断地位为政府认可，有过度投资倾向，非国有企业则可能因此失去机会，这是中国企业跨境并购中所有制的不公平。Randall Morck 等(2008)的研究认为，中国的跨境并购等对外直接投资处于初期阶段，偏好避税港和东南亚国家，多是国有企业所为，其处于政府认可的垄断地位；虽然中国的跨境并购等对外直接投资潮可能有其合理性，但是，一些最活跃的企业有过度投资的倾向，而资金困境也使得另一些企业失去可能的价值创造的跨境并购等对外直接投资机会③。于是有学者提出，发挥并购功效的关键，是防止政府过度干预。周昌仕(2008)研究中国上市公司在政府控制下的并购模式及绩效后认为，发挥并购功效的关键是防止政府的过度干预，基本原则是政府职能的合理定位，减持国有股并培育责任大股东，加强证券监管和机构投资者监督，以及改善法人治理结构④。

5. 跨境并购是否为同行业并购

企业层面的是否为同行业并购，影响跨境并购的绩效。横向并购是典型的同行业并购；混合并购则是典型的非同行业并购。在并购历史上，具有

---

① Lulu Gu，W.R.Reed.Chinese overseas M&A performance and the Go Global Policy[J]. Economics of Transition，2013，21(1)：157-192.

② Yuan Yi Chen，Michael N. Young. Cross-border mergers and acquisitions by Chinese listed companies：A principal-principal perspective[J]. Asia Pacific Journal of Management，2010，(27)：523-539.

③ Morck R.，B.Yeung，M. Zhao.Perspectives on China's Outward Foreign Direct Investment [J]. Journal of International Business Studies，2008，39(3)：337-350.

④ 周昌仕.政府控制下的公司并购模式及绩效研究——基于中国上市公司的经验数据[D].广州：暨南大学博士学位论文，2008.

相关性的并购的业绩明显优于那些不具有相关性的并购。Haibir Singh 和 Cynthia A. Montgomery(1987)的研究认为，存在产品、市场、技术等关联的企业间并购，较之非关联并购，确实能给并购公司带来更多收益①。中国学者的研究结论与之相似。如有中国学者关注到，是否同行业并购，短期或长期看，绩效有别；长期看，同行业并购的绩效更优。冯根福和吴林江(2001)选取 1995—1998 年我国上市公司 201 起并购事件的样本，以财务和会计数据进行综合分析，其从并购角度实证检验我国上市公司绩效的研究结论是，混合并购短期看有效益，长期看优势十分有限；横向并购短期看绩效一般，长期看绩效稳定上升②。方芳和闫晓彤(2002)也认为，横向并购的绩效，明显优于纵向并购和混合并购③。

但有学者注意到，是否为同行业并购并非一概而论，应取决并适合于企业的不同发展阶段。范从来和袁静(2002)选取我国上市公司 1995—1999 年 338 次并购事件作为样本，其研究结论为，成长性行业的横向并购绩效远高于混合并购，成熟性行业大体上纵向并购最有效率，衰退性行业进行横向并购对公司绩效十分不利④。方芳和闫晓彤(2002)从 2000 年我国上市公司的 115 起并购案例中选择 80 家公司为研究对象，以财务数据对比的分析方法，分析横向并购、纵向并购和混合并购，其结论也是，不同类型公司并购绩效的差异，可以为企业发展中的规模经济问题和产业转型问题提供借鉴⑤。中国国有企业跨境并购以横向并购为主。张传民(2012)的研究认为，中国企业跨境并购中的国有企业并购类型以横向并购为主⑥。

6. 跨境并购是否绝对控股并购

交易层面的跨境并购绩效影响因素中，是否绝对控股既决定企业经营，也影响并购绩效。陆瑶等(2011)基于 1995—2010 年在上海、深圳、香港、纽

---

① Singh H., C. A. Montgomery. Corporate Acquisition Strategies and Economic Performance [J]. Strategic Management Journal, 1987, 8(4): 377-386.

② 冯根福，吴林江. 我国上市公司并购绩效的实证研究[J]. 经济研究，2001，(1)：54-61.

③ 方芳，闫晓彤. 中国上市公司并购绩效与思考[J]. 经济理论与经济管理，2002，(8)：43-48.

④ 范从来，袁静. 成长性、成熟性和衰退性产业上市公司并购绩效的实证分析[J]. 中国工业经济，2002，(8)：65-72.

⑤ 同③.

⑥ 张传民. 中国国企跨国并购低成功率的原因分析——基于博弈论的分析方法[D]. 北京：中国青年政治学院博士学位论文，2012.

约交易所和纳斯达克上市的275起中国公司跨境并购样本，研究企业绩效并发现，当并购公司获得了目标公司的控制权时，也获得了显著为正的累计超额收益①。

7. 跨境并购是否以现金支付

交易层面的跨境并购绩效影响因素中，是否现金支付不仅影响并购成败，也影响并购绩效。支付方式影响并购绩效，现金支付的绩效更好。Nickolaos G. Travlos(1987)的研究认为，在不同的并购支付方式中，股票交易或现金交易的超额收益明显不同②。Sudi Sudarsanam(2013)也认为，某些类型的并购比其他类型更为成功，并购的交易特点会影响后续的收益表现，交易结构会影响并购价值的创造。现金支付的并购比股权交换的并购创造更多的价值，对并购交易支付方式的选择或者说对付款货币的选择，会对股东财富产生很大影响③。

也有学者更关注支付方式与市场环境、交易规模的关系。Robert F. Bruner(2008)认为，大规模交易的收益取决于支付方式和资本市场环境，最佳交易具有战略意义，是在比较冷清的市场环境下完成的，交易条件设计也更加具有艺术性；而最差交易的情况正好相反④。有学者注意到，支付方式也与公司治理有关。Laura T. Starks和Kelsey D. Wei(2013)的研究认为，在跨境并购的股票交易中，公司治理对并购估价和并购绩效有影响；而且公司治理好的企业更倾向于以股票并购目标公司⑤。但是，中国企业跨境并购的支付手段选择受限，因而支付方式单一。王仁荣(2012)的研究认为，中国企业跨境并购的支付方式和融资手段单一是其主要特征⑥。

---

① 陆瑶，闫聪，朱玉杰.对外跨国并购能否为中国企业创造价值？[J].清华大学学报(自然科学版)，2011，51(8)：1145-1154.

② Nickolaos G.Travlos.Corporate Takeover Bids, Methods of Payment, and Bidding Firms' Stock Returns[J]. The Journal of Finance, 1987, 42(4): 943-963.

③ Sudi Sudarsanam.并购创造价值(第二版)[M].芮萌，译.北京：中国人民大学出版社，2013：2.

④ Robert F. Bruner.铁血并购——从失败中总结出来的教训[M].沈嘉，译.上海：上海财经大学出版社，2008：48-53.

⑤ Starks. L. T., K. D. Wei. Cross-Border Mergers and Differences in Corporate Governance [J]. International Review of Finance, 2013, 13(3), 265-297.

⑥ 王仁荣.跨国公司跨境并购法律问题研究[D].上海：复旦大学博士学位论文，2012.

8. 是否有跨境并购的经验

从一般意义上理解和判断，跨境并购经验影响跨境并购绩效；跨境并购的经验越丰富，跨境并购绩效越好。阎大颖(2009)强调，跨境并购经历是影响中国企业跨境并购绩效的显著因素①。阎大颖(2009)认为，中国企业的综合国际经验和跨境并购经验越丰富，跨境并购绩效越好②。

在并购中有一个连续并购、绩效下降的奇怪现象。学者对此既有研究，也有争论。学者的分析同样说明了并购经验的重要作用和影响。吴超鹏等(2008)针对学界众说纷纭且至今仍是个谜的连续并购的并购绩效为何逐次下降，选取我国资本市场1997—2005年440家上市公司所完成的1 317起并购，结合“过度自信假说”与“行为学习理论”，其实证检验结论为：对比首次并购失败，首次并购成功后各次并购绩效显著下降，原因主要是管理者过度自信；若管理者充分学习并购经验，则并购绩效逐次上升，反之，则逐次下降。若首次并购失败，只要管理者充分学习，则其后并购绩效将逐次显著上升，反之，则并购绩效持续较差③。

9. 跨境并购中的管理层代理动机

前文已述，Paul Halpern(1983)指出，未必每次并购都有着同样的企业价值最大化动因；并购中，存在非理性冲动等扭曲动因(Sudi Sudarsanam，2013)，其中的一个重要方面源于企业决策者，即管理层为提高自身薪酬而不合理扩大公司规模。根据自由现金流假说(Jensen，1986)④，由于公司管理层的收益在很大程度上依赖于公司规模，因此，即便不存在净现值为正的项目，管理层仍倾向于继续扩大投资规模，而并购正是这种“帝国构建”行为的重要形式之一。因此，当企业自由现金流比较充沛时，资本市场对于并购

① 阎大颖.制度约束与中国企业跨国并购的经营绩效[J].山西财经大学学报，2009，31(1)：63-69.

② 阎大颖.国际经验、文化距离与中国企业海外并购的经营绩效[J].经济评论，2009，(1)：83-90.

③ 吴超鹏，吴世农，郑方镳.管理者行为与连续并购绩效的理论与实证研究[J].管理世界，2008，(7)：128-132.

④ Michael C.Jensen.Agency Costs of Free Cash Flow：Corporate Finance and Takeovers[J].American Economic Review，1986，(76)：323-329.

公告的反应以负面为主(Lang 等,1991[①]; Harford, 1999[②])。也就是说,管理层代理动机对跨境并购短期绩效存在负效应。

10. 影响跨境并购绩效的其他因素

关于跨境并购的并购公司是否在海外上市。顾露露和 Robert Reed (2011)采集 1994—2009 年中国企业跨境并购的数据,以 106 家中国企业的 157 个样本研究跨境并购的短期和中长期股票市场绩效,其研究结论为,海外上市公司并购绩效更佳,在香港地区上市的中国并购公司的绩效明显好于仅在内地上市的公司[③]。关于跨境并购的目标公司是否为高科技企业。王仁荣(2012)的研究认为,获取核心技术是中国企业跨境并购的主要特征[④]。有学者关注公司战略背景和资本市场环境,认为其为更重要的因素。Robert F. Bruner(2008)认为,并购公司和目标公司的战略背景以及资本市场环境,是比其他决定因素(如交易设计、投资机会和交易态度),更加重要的因素[⑤]。有学者关注到管理层能力以及并购公告时的市场氛围。邵新建等(2012)认为,中国企业跨境并购公告产生的超额收益率与测度的管理层能力显著正相关,并购公告时市场氛围越活跃,其评价越乐观[⑥]。对中国企业跨境并购而言,21 世纪开始且持续甚久的人民币升值显然是一大利好。杨柳勇和张晶晶(2012)采集了 2001—2012 年中国企业跨境并购的样本,测量了中国企业跨境并购的公告日短期绩效,其结论为,2008 年后人民币稳步升值,对跨境并购绩效有正效应[⑦]。顾露露和 Robert Reed(2011)的研究结论也认为人民币升值对中国并购公司有利[⑧]。也有学者比较成长型企业

---

① Lang H.P.L.,M.Stulz,A.R.Walking.A Test of the Free Cash Flow Hypothesis[J].Journal of Financial Economics, 1991(29): 315-335.

② Harford J. Corporate Cash Reserves and Acquisitions[J]. Journal of Finance, 1999, (54): 1969-1997.

③ 顾露露,Robert Reed.中国企业海外并购失败了吗? [J].经济研究,2011,(7): 116-127.

④ 王仁荣.跨国公司跨境并购法律问题研究[D].上海: 复旦大学博士学位论文,2012.

⑤ Robert F. Bruner.铁血并购——从失败中总结出来的教训[M].沈嘉,译.上海: 上海财经大学出版社,2008: 48-53.

⑥ 邵新建,巫和懋,肖立晟,等.中国企业跨国并购的战略目标与经营绩效:基于 A 股市场的评价[J].世界经济,2012,(5): 81-103.

⑦ 杨柳勇,张晶晶.企业政治关联与跨国并购绩效: 基于中国并购方数据[R].广州: 中山大学第三届全国金融学博士生论坛,2012.

⑧ 同③.

和价值型企业，发现并购的绩效不同。顾露露和 Robert Reed(2011)的研究结论为，成长型企业的并购绩效比价值型的更好[①]。同时，股权结构和比例也影响并购的绩效。冯根福和吴林江(2001)选取 1995—1998 年我国上市公司 201 起并购事件的样本，以财务和会计数据进行综合分析，其从并购角度实证检验我国上市公司绩效的研究结论是，第一大股东持股比例在并购当年与绩效正相关，此后各年则关系不大，说明股权集中度过高，其许多并购活动可能是因为投机或政府干预，并不是实质性的资产重组[②]。钱婷等(2011)基于中国上市公司 2001—2010 年的 91 项跨境并购样本，运用事件研究法分析发现，股权集中度、流通股比例与跨境并购的市场绩效分别呈显著的正相关和负相关关系[③]。关于并购规模，有学者认为大交易与小交易并无好坏之别，也有学者认为小规模并购能够创造更多价值。Robert F. Bruner(2008)认为，大交易并不好于或者坏于小交易，应该考察交易的其他特征，而不是规模[④]。Sudi Sudarsanam(2013)则认为，与大规模并购相比，小规模的并购能够创造更多价值[⑤]。中国学者也有类似研究结论。陆瑶等(2011)基于 1995—2010 年在上海、深圳、香港、纽约交易所和纳斯达克上市的 275 起中国公司跨境并购样本，研究发现，较小规模的公司相对于大规模公司而言，跨境并购表现更好，超额收益更加显著[⑥]。但中国企业跨境并购面临的一个现实问题是，并购公司和目标公司的力量对比悬殊，而不是自主选择小规模并购或大规模并购。王仁荣(2012)的研究认为，中国企业跨境并购中，并购公司和目标公司的力量对比悬殊是主要特征[⑦]。不同的并购形式同样影响并购的绩效。Sudi Sudarsanam(2013)认为，在不同的并购方式中，并购公司和目标公司的股东财富表现也会有所不同。例如在美国，直接

---

① 顾露露，Robert Reed.中国企业海外并购失败了吗？[J].经济研究，2011，(7)：116-127.

② 冯根福，吴林江.我国上市公司并购绩效的实证研究[J].经济研究，2001，(1)：54-61.

③ 钱婷，邢喆，张诚.股东特征、海外并购与市场绩效——来自中国上市公司的经验数据 A[C].见：中国管理现代化研究会.第六届(2011)中国管理学年会论文摘要集，2011 年.

④ Robert F. Bruner.铁血并购——从失败中总结出来的教训[M].沈嘉，译.上海：上海财经大学出版社，2008：48-53.

⑤ Sudi Sudarsanam.并购创造价值(第二版)[M].芮萌，译.北京：中国人民大学出版社，2013：2.

⑥ 陆瑶，闫聪，朱玉杰.对外跨国并购能否为中国企业创造价值？[J].清华大学学报(自然科学版)，2011，51(8)：1145-1154.

⑦ 王仁荣.跨国公司跨境并购法律问题研究[D].上海：复旦大学博士学位论文，2012.

向目标公司的股东购买股票，而不取得目标公司管理层支持的要约并购，会比取得管理层支持的协议并购为股东创造更多的价值。在英国，敌意并购比善意并购产生更多的财富①。更有学者认为，中国企业跨境并购中，不同的时间阶段的并购绩效也不同。吴茜茜(2011)的研究认为，从时间看，中国企业 2005 年和 2006 年发生的跨境并购的综合绩效得分显著高于前几年②。

四、跨境并购成败和绩效的文献的评述

1. 跨境并购成败和绩效概述

前文已述，关于跨境并购，关于中国企业跨境并购，成功论、失败论、成败比例论都有，绩效变好、绩效变差、绩效没有变化或变化不显著也都有。这是跨境并购成败和绩效的概要性或大的层面的问题，更具宏观和理论意义。本书在此基础上，从企业的视角，从跨境并购实践的角度，重点研究中国企业跨境并购微观和具体层面的问题，即跨境并购影响因素与其成败和绩效的关系。需要说明的是，中国企业跨境并购，不论是上述大的层面的问题，还是下述跨境并购的具体影响因素，以及其对成败和绩效的影响，都是由跨境并购市场决定的。而市场因素是又一个宏观层面的问题，本书将专章以案例研究，分析中国企业跨境并购中市场因素的影响和作用。

2. 跨境并购成败和绩效的影响因素

从逻辑归纳的角度讲，跨境并购涉及境内和境外不同国家、境内和境外不同企业，并以一定特点的交易方式完成。因此，跨境并购成败和绩效的影响因素，可归纳为国家层面的影响因素、企业层面的影响因素、交易层面的影响因素等。有些影响因素，如本书所述的是否为同行业并购，既可归之为企业层面，也可归之为交易层面，但本书认为，其反映企业层面的特点更多，归为企业层面的影响因素更为合理。因此，本书的交易层面影响因素，更多的是指交易特点、交易结构等因素，如并购股权比例、并购支付方式等。本书认为，国家层面的跨境并购影响因素，主要是文化、经

① Sudi Sudarsanam.并购创造价值(第二版)[M].芮萌，译.北京：中国人民大学出版社，2013：2.

② 吴茜茜.中国企业跨国并购绩效实证研究——基于主成分分析法[D].上海：复旦大学硕士学位论文，2011.

济、法律、政治等;企业层面的跨境并购影响因素,主要是企业性质和行业等;交易层面的跨境并购影响因素,主要是并购股权比例和并购支付方式等。本书即从上述视角,结合并归纳已有文献观点,研究中国企业跨境并购成败和绩效的影响因素等。

3. 中国企业跨境并购成败和绩效文献中的影响因素

根据上述文献,中国企业跨境并购成败的影响因素包括:文化距离;目标公司是否在发达国家;并购公司是否为国有企业;是否为同行业并购;是否绝对控股并购;是否以现金形式支付;目标公司是否为资源类企业;是否有跨境并购经验;目标公司是否为非上市公司;并购公司是否为上市公司;并购公司是否在海外上市;目标公司是否为高科技企业;国家间的经济关联度;公司相对规模;公司策略关联度;并购公司业绩;合并公司市场力量;国内并购或跨境并购;专业顾问;等等。

根据上述文献,中国企业跨境并购绩效的影响因素包括:文化距离;目标公司是否在发达国家、并购公司是否为国有企业;是否为同行业并购;是否绝对控股并购;是否以现金形式支付;是否有跨境并购经验;管理层代理动机;并购公司是否在海外上市;目标公司是否为高科技企业;公司战略背景和资本市场环境;交易态度与设计和投资机会;管理层能力和并购公告时的市场氛围;人民币升值;成长型企业或价值型企业;股权结构和比例;并购规模或交易大小;并购方式;并购发生的不同时间阶段;等等。

4. 中国企业跨境并购成败和绩效的共同影响因素

前文已述,中国企业跨境并购成败和绩效,从大的方面讲是同一个问题,本书从研究角度,将其分为跨境并购成败、跨境并购短期绩效、跨境并购长期绩效。正因为如此,根据上述文献,中国企业跨境并购成败和绩效的影响因素绝大部分是类同或重合的。正如本书所述,并购成败和绩效作为同一个问题,有些研究并不区分,是一并分析的,甚至有些研究所称成败,实为绩效。

中国企业跨境并购成败和绩效的影响因素中,主要类同或重合的有文化距离、目标公司是否在发达国家、并购公司是否为国有企业、是否同行业并购、是否绝对控股、是否以现金形式支付、是否有跨境并购经验、并购公司是否在海外上市、目标公司是否为高科技企业等。上述类同或重合的影响因素，也是本书文献综述中学者关注最多的，因而是中国企业跨境并购中重要的影响因素。同时，这些因素也与本书所关注的国家层面的影响因素、企业层面的影响因素、交易层面的影响因素相一致，国家层面的影响因素可以有不同的分析角度，而文化距离以及发达国家和非发达国家可以说明国家与国家之间文化、经济、法律、政治等的不同；并购公司是否为国有企业、是否为同行业并购、是否有跨境并购经验、并购公司是否在海外上市、目标公司是否为高科技企业，都是企业层面的影响因素，对跨境并购都有影响，前两个影响因素更能反映企业性质和行业，因而更能说明企业层面影响因素的作用；是否绝对控股并购、是否以现金形式支付则是交易层面的影响因素。至于并购公司是否在海外上市、目标公司是否为高科技企业，也是企业层面的影响因素，但前者的海外运营经验与跨境并购经验类似，本书仅取跨境并购经验；后者的跨境并购高科技企业在中国企业的跨境并购中不具普遍性，且已有学者研究得出结论认为目标公司的科技含量对并购没有显著影响（张建红等，2010），故本书也未选取。

因此，本书根据文献综述已有学者的观点，总结归纳中国企业跨境并购的六个影响因素，分别为国家层面的文化距离、目标公司是否在发达国家、企业层面的并购公司是否为国有企业、是否同行业并购以及交易层面的是否绝对控股并购、是否以现金形式支付。本书将主要考察这六个因素对中国企业跨境并购成败和绩效的影响以及对比其在发达国家与非发达国家的区别。

5. 中国企业跨境并购的浪潮、动因、风险与成败和绩效

前文已述，中国企业跨境并购浪潮、动因、风险，尤其是其特殊性，构成其成败和绩效的国内背景；在该背景下，上述成败和绩效的影响因素发挥具体作用，既构成背景，也产生影响。且如前文所述，其对中国企业跨境并购成败和绩效为基础性负面影响。

6. 邓宁的国际生产折衷理论和投资发展阶段理论与中国企业跨境并购成败和绩效

邓宁的国际生产折衷理论和投资发展阶段理论，是现有相关理论的集

大成和新发展，对中国企业跨境并购成败和绩效有指导性和适用性。根据国际生产折衷理论，中国经济和中国企业没有或不充分具有"O+I+L"优势，跨境并购等对外直接投资条件不足，其跨境并购成败和绩效应负向而行，此主要为对外横向观察。根据投资发展阶段理论，中国经济和中国企业以人均 GNP 为指标，已经发展到相应阶段和水平，对外直接投资(包括跨境并购)应逐渐向好，此主要为对内纵向观察。前文已述，两者相较，本书认为中国企业不具"O+I+L"优势和条件，在中国企业跨境并购中，横向观察较之纵向观察，影响和作用应该更大。

7. 需要关注的问题和本书的研究

根据上述文献所确定的中国企业跨境并购影响因素，以及文献的已有研究，根据中国式跨境并购浪潮、动因、风险的特点，并依据跨境并购等相关理论，本书选择国家层面的文化距离、目标公司是否在发达国家，企业层面的并购公司是否为国有企业、是否同行业并购，交易层面的是否绝对控股并购、是否以现金形式支付，为自变量；本书选择目标公司是否为资源类企业、是否有跨境并购经验以及目标公司是否为非上市公司，作为并购成败检验的控制变量；选择是否有跨境并购经验以及管理层代理动机作为并购短期绩效检验的控制变量。并在此基础上，研究中国企业跨境并购的影响因素与其成败和绩效的关系，以回归分析法研究跨境并购成败，以事件研究法分析跨境并购的短期绩效，以财务评价法考察跨境并购的长期绩效，并对比跨境并购影响因素在成败和绩效上、在发达国家中和非发达国家中的相同或不同。在现有研究中，本书的系统对比分析尚属较少。

第三章　假设提出与研究设计

第一节　假设提出

一、关于中国企业跨境并购成败

（一）国家层面的跨境并购成败影响因素——文化距离和目标公司是否在发达国家

1. 关于文化距离

关于文化距离，本书以前述提到的霍夫斯泰德（HOFSTEDE）的文化维度理论为依据，以 HOFSTEDE 文化指数表达国家与国家间的文化差异，即文化距离。根据前述文献综述，有学者关注，中国企业跨境并购中，正式制度距离以及非正式制度距离与跨境并购的成功率显著负相关（阎大颖，2011）；有学者关注，跨文化整合贯穿于其他各项整合之中，且是跨境并购成功的关键（田泽，2010）；有学者关注，英国并购成败调查中，失败因素有文化差异，而成功因素有文化整合（Sudi Sudarsanam，2013）。本书据此提出假设 H1。

假设 H1：中国企业跨境并购，选择文化距离大的国家的目标公司，较之选择文化距离小的国家的目标公司，更难成功。

2. 关于目标公司是否在发达国家

关于目标公司是否在发达国家，根据邓宁的国际生产折衷理论，中国为非发达国家，较之发达国家，中国企业不具有“O＋I＋L”优势，并购条件不具备或不充分。同时，根据前述文献综述已有学者的研究，有学者关注我国民营企业，认为其主要青睐发达国家企业(邹建卫，2008)；有学者关注，在中国企业跨境并购中，东道国外资开放度较高，则有助于提高并购成功率(阎大颖，2011)。本书综合考虑上述理论和文献，提出假设 H2。

假设 H2：中国企业跨境并购，选择发达国家的目标公司，较之选择非发达国家的目标公司，更难成功。

(二) 企业层面的跨境并购成败影响因素——并购公司是否为国有企业和是否同行业并购

1. 关于并购公司是否为国有企业

关于并购公司是否为国有企业，中国式跨境并购浪潮的动因、风险，尤其是其特殊性，对中国企业跨境并购成败和绩效有背景和基础性的负面影响，并主要体现于实施跨境并购的国有企业。同时，根据前述文献综述已有学者的研究，有学者认为，中国企业跨境并购中，国有企业的跨境并购失败率高于民营企业主导的跨境并购事件；如并购方属国有控股企业，将对并购成功有明显的负面影响；并购企业的国有者身份，不利于并购顺利进行(马建威，2011；阎大颖，2011；张建红等，2010)；有学者分析，中国企业跨境并购中国有企业跨境并购低成功率的根源为，政府政策导致不具备跨境并购能力的企业出海，以及国有企业缺乏资金外的其他竞争优势和官商双重身份等；在能源资源跨境并购等对外直接投资中，由于以国有企业为主，因此遭遇了较大的阻力；国有大中型企业本身存在着以行政领导代替企业自主经营等企业治理结构上的问题，为海外成功并购之后的整合和经营管理增添了难度(张传民，2012；何帆，2013；杨春桃，2014)。本书据此提出假设 H3。

假设 H3：中国企业跨境并购，国有企业较之非国有企业，更难成功。

关于并购公司是否国有企业在发达国家和非发达国家的跨境并购成败对比，根据邓宁的国际生产折衷理论，中国为非发达国家，较之在非发达国家并购，中国企业在发达国家并购不具“O＋I＋L”优势，因而更难成功；同时，根据中国式跨境并购的浪潮、动因、风险，尤其是其特殊性，对跨境并购成败和绩效的背景和基础性负面影响，较之非国有企业，中国国有企业跨境并购更难成功；而且，国有企业较之非国有企业，更体现政府秩序，发达国家较之非发达国家，更代表市场秩序，跨境并购为市场秩序，市场秩序与市场秩序间更多相融，市场秩序与政府秩序间更多冲突。据此，并比较与综合前述假设 H2、假设 H3 的推导逻辑和理由，本书提出假设 H3a。

假设 H3a：中国企业跨境并购，国有企业较之非国有企业，选择发达国家的目标公司，比选择非发达国家的目标公司，更难成功。

2. 关于是否同行业并购

关于是否同行业并购，根据前述文献综述已有学者的研究，有不同观点，或根据英国的并购成败调查数据认为，对目标公司及其所处行业了解是导致成功的因素之一（Sudi Sudarsanam，2013）；或根据中国企业跨境并购研究认为，产业匹配对并购的完成没有显著影响（张建红，2010）。本书综合上述文献，并根据文中所述的并购历史和并购实践，提出假设 H4。

假设 H4：中国企业跨境并购，选择同行业的目标公司，较之选择非同行业的目标公司，更易成功。

因为中国经济领先非发达国家的经济发展，中国和中国企业，与其他非发达国家和非发达国家企业比较，在同行业内更容易具有优势。因此，中国企业选择非发达国家同行业目标公司，较之选择发达国家同行业目标公司，应该更易成功。综合前述假设 H2、假设 H4 的推导逻辑和理由，本书提出假设 H4a。

假设 H4a：中国企业跨境并购，同行业并购较之非同行业并购，选择非发达国家目标公司比选择发达国家目标公司，更易成功。

（三）交易层面的跨境并购成败影响因素——是否绝对控股并购和是否以现金形式支付

1. 关于是否绝对控股并购

关于是否绝对控股并购，根据前述文献综述已有学者的研究，并购比例对并购的完成没有显著影响（张建红，2010）。但本书根据对绝对控股并购的理解，取得公司绝对控股，意味着既取得了公司股权，又取得了公司控制权，且绝对控股权代表着对公司的绝对控制权；因之，绝对控股并购的阻力更大，故提出假设 H5。

假设 H5：中国企业跨境并购，绝对控股并购较之非绝对控股并购，更难成功。

中国企业实施绝对控股跨境并购，由于绝对控股的经营意义和法律含义可能比较敏感。但是相对于非发达国家而言，发达国家并购交易活跃，市场化程度高，对于绝对控股并购形式更容易持开放态度，非发达国家则与之相反。据此，并综合考虑前述假设 H2、假设 H5 的推导逻辑和理由，本书提出假设 H5a。

假设 H5a：中国企业跨境并购，绝对控股并购较之非绝对控股并购，选择非发达国家目标公司比选择发达国家目标公司，更难成功。

2. 关于是否以现金形式支付

关于是否以现金形式支付，根据前述文献综述已有学者的研究，学者们关注到，对价的形式是区分失败的并购交易和成功的并购交易之间的特征差异的因素之一；从历史上看，现金是最受欢迎的支付方式，但在股市向好时，通常又会向股份交换支付和混合支付转变，且支付方式通常会影响竞购的结果（Tyrone M. Carlin 等，2009；Sudi Sudarsanam，2013）。本书据此提出假设 H6。

假设 H6：中国企业跨境并购，以现金形式支付，较之以其他形式支付，更易成功。

新兴市场国家相对于发达国家而言，股票市场估值更高。如果新兴市场国家企业以股份方式支付并购对价，发达国家目标企业将承受较高的折价风险，因此，中国企业在发达国家跨境并购，现金支付是一种更受欢迎的支付形式。故中国企业跨境并购，选择发达国家目标公司，较之选择非发达国家目标公司，采用现金支付更容易形成竞标优势。据此，并综合考虑前述假设 H2、假设 H6 的推导逻辑和理由，本书提出假设 H6a。

假设 H6a：中国企业跨境并购，现金支付较之非现金支付，选择发达国家目标公司比选择非发达国家目标公司，更易成功。

二、关于中国企业跨境并购短期绩效

（一）国家层面的跨境并购短期绩效影响因素——文化距离和目标公司是否在发达国家

1. 关于文化距离

关于文化距离，本书以前述提到的霍夫斯泰德（HOFSTEDE）的文化维度理论为依据，以 HOFSTEDE 文化指数表达国家与国家间文化差异，即文化距离。根据前述文献综述已有学者的研究，有学者认为，文化距离大，会导致并购收益低；选取文化距离小的东道国，跨境并购后的绩效也越好（Kenneth R. Ahern 等，2012；阎大颖，2009）；有学者关注文化隐形制度或文化制度的内隐（杨群，2012）；有学者注意到，中国企业跨境并购，对企业整体绩效并无显著提高，甚至不及并购前，但香港地区除外（吴茜茜，2011）。本书据此提出假设 H7。

假设 H7：中国企业跨境并购，选择文化距离大的国家的目标公司，较之选择文化距离小的国家的目标公司，短期绩效更差。

2. 关于目标公司是否在发达国家

关于目标公司是否在发达国家，根据邓宁的国际生产折衷理论，中国为非发达国家，较之发达国家，不具有“O＋I＋L”优势，并购条件不具备或不充分，绩效难佳。同时，根据前述文献综述，持不同观点的学者很多，有美国企业在一个新的行业或地域的市场进行跨境并购，尤其是在发展程度不及美国的经济体进行并购时，股东收益会更大的国外研究（John Doukas and Nickolaos G. Travlos，1998）；有相对国家竞争优势，是影响中国企业跨境并购的特有和显著因素的国内研究（阎大颖，2009）；也有东道国管制严苛，中国企业跨境并购绩效差的观点（阎大颖，2009）；有中国对澳大利亚投资绩效颇佳的例证（Shiro Armstrong，2011）；还有对中国企业的跨境并购等对外直接投资而言，收入水平低的国家，并不比收入水平高的国家进入成本低的比对（田巍和余淼杰，2012）；以及尽管在部分发展中国家，对中国投资者而言，投资环境较为宽松，然而中国对发展中国家的投资所取得的效果较差的分析（Shiro Armstrong，2011）。虽有观点和结论不同，但中国与以经合组织为代表的发达国家，在商业准则甚至价值观等诸多方面明显不同，中国与其他非发达国家却有更多相似；因此，中国企业跨境并购，目标公司在发达国家，较之目标公司在非发达国家，所获短期绩效评价应该更差。本书综合考虑上述理论、文献和分析，提出假设 H8。

假设 H8：中国企业跨境并购，选择发达国家的目标公司，较之选择非发达国家的目标公司，短期绩效更差。

（二）企业层面的跨境并购短期绩效影响因素——并购公司是否为国有企业和是否为同行业并购

1. 关于并购公司是否为国有企业

关于并购公司是否为国有企业，根据中国式跨境并购浪潮的动因、风险，尤其是其特殊性，对跨境并购成败和绩效有背景和基础性负面影响，导致中国国有企业跨境并购绩效差。同时，根据前述文献综述已有学者的研究，观点分歧较大，有学者认为，国有企业跨境并购的绩效更好（陆瑶等，2011；马建威，2011；邵新建，2012；钱婷等，2011）；也有学者认为，国有企业较之非国有企业的并购绩效，虽短期看前者优，但长期看无显著差异（冯根福和吴林江，2001）；有学者关注，政府导向与股东利益可能相违或冲突（Lulu Gu 和 W. R. Reed，2013；Yuan Yi Chen 和 Michael N. Young，2010）；有学者认为，政府干预尤其是过度干预，导致并购绩效差（杨柳勇和张晶晶，2012；黄兴孪和沈维涛，2009）；当然，也有学者认为，非国有企业的并购绩效更佳（顾露露和 Robert Reed，2011）；认为我国各级政府控制的上市公司，其公司价值更低（夏立军和方铁强，2005）；认为发挥并购功效的关键是，防止政府的过度干预（周昌仕，2008）；认为一些最活跃的企业有过度投资的倾向，而资金困境也使得另一些企业失去可能的价值创造的跨境并购等对外直接投资机会（Randall Morck 等，2008）。而且，国有企业更多体现政府秩序，非国有企业更多体现市场秩序，跨境并购体现的也是市场秩序；因此，国有企业较之非国有企业，对跨境并购不仅不一定是优势，反而可能成为劣势。本书综合考虑上述理论、文献和分析，提出假设 H9。

假设 H9：中国企业跨境并购，国有企业较之非国有企业，短期绩效更差。

根据中国式跨境并购浪潮的动因、风险，尤其是其特殊性，对跨境并购成败和绩效有背景和基础性负面影响，导致中国国有企业跨境并购，较之非国有企业，绩效应该更差。而且，国有企业较之非国有企业，更体现政府秩序，发达国家较之非发达国家，更代表市场秩序。跨境并购为市场秩序，市场秩序与市场秩序间更多相融，市场秩序与政府秩序间更多冲突。因此，综合前述假设 H8、假设 H9 的推导逻辑和理由，本书提出假设 H9a。

假设 H9a：中国企业跨境并购，国有企业较之非国有企业，选择发达国家的目标公司比选择非发达国家的目标公司，短期绩效更差。

2. 关于是否同行业并购

关于是否同行业并购，根据前述文献综述已有学者的研究，存在关联的企业间并购较之非关联并购，确实能给并购方带来更多收益；横向并购，短期看绩效一般，从长期看则绩效稳定上升（Haibir Singh 和 Cynthia A. Montgomery，1987；冯根福和吴林江，2001）；有学者强调，是否同行业并购取决于企业所处行业的不同发展阶段，以及企业发展中的规模经济和产业转型等（范从来和袁静，2002；方芳和闫晓彤，2002）。本书综合上述文献，并根据文中所述并购历史和并购实践，提出假设 H10。

假设 H10：中国企业跨境并购，选择同行业的目标公司较之选择非同行业的目标公司，短期绩效更好。

因为中国经济领先非发达国家的经济发展，在非发达国家进行同行业并购时更易具有国际生产折衷理论中提及的所有权等优势，即技术优势、企业规模、组织管理能力以及金融与货币优势等，并购后的整合效果更好。综合前述假设 H8、假设 H10 的推导逻辑和理由，本书提出假设 H10a。

假设 H10a：中国企业跨境并购，同行业并购较之非同行业并购，选择非发达国家的目标公司比选择发达国家的目标公司，短期绩效更好。

（三）交易层面的跨境并购短期绩效影响因素——是否绝对控股并购和是否以现金形式支付

1. 关于是否绝对控股并购

关于是否绝对控股并购，本书根据绝对控股对企业经营的意义认为，取得公司绝对控股权，较之取得非绝对控股权的阻力更大，更不容易；但是，取得公司绝对控股权，较之取得非绝对控股权的绩效更好，因为同时取得公司控制权，有利于公司经营和发展。本书认为，是否绝对控股并购，对跨境并购成败和绩效的影响正相反。根据前述文献综述已有学者的研究，控股并购的累计超额收益显著为正（陆瑶等，2011）。本书据此提出假设 H11。

假设 H11：中国企业跨境并购，绝对控股并购较之非绝对控股并购，短期绩效更好。

绝对控股并购可取得公司的控股权，有助于对目标公司进行整合，尤其是在市场化程度高、规范法治、并购交易活跃的发达国家。换言之，绝对控股并购相对于非绝对控股并购获得的整合优势，在发达国家更明显。本书据此并综合考虑前述假设 H9、假设 H11 的推导逻辑和理由，提出假设 H11a。

假设 H11a：中国企业跨境并购，绝对控股并购较之非绝对控股并购，选择发达国家的目标公司比选择非发达国家的目标公司，短期绩效更好。

2. 关于是否以现金形式支付

以往研究大多认同，是否采用现金支付会影响并购绩效（Nickolaos G. Travlos，1987；Robert F. Bruner，2008）；有的学者认为，现金支付能创造更多价值（Sudi Sudarsanam，2013）；也有学者认为，在跨境并购的股票交易中，公司治理对并购估价和并购绩效有影响，且公司治理好的企业，更倾向于以股票并购目标公司（Laura T. Starks and Kelsey D. Wei，2013）。本书根据现金支付对企业经营的影响认为，跨境并购而现金支付，目标公司更易接受，因为估值确定，价值明确，但现金支付可能增加甚至大幅增加企业负债，并且会降低对管理层的激励，因此，对企业后续经营影响更为负面。换言之，采用现金支付，较之非现金支付，虽然有利于促成并购成功，但不利于提升并购绩效。本书据此提出假设 H12。

假设 H12：中国企业跨境并购，现金支付较之非现金支付，短期绩效更差。

根据前文分析，中国企业跨境并购在发达国家不具有“O＋I＋L”优势，因而并购整合难度更大。加之并购发达国家企业多采用现金支付方式，易对企业造成债务压力，并且降低对管理层的激励，并购的整合效果更差。据此并综合前述假设 H8、假设 H12 的推导逻辑和理由，本书提出假设 H12a。

假设 H12a：中国企业跨境并购，现金支付较之非现金支付，选择发达国家的目标公司比选择非发达国家的目标公司，短期绩效更差。

三、关于中国企业跨境并购长期绩效

Patrick A. Gaughan（2004）认为，对长期效应做研究很困难，因为我们既不能将某个交易的个别效应过滤掉，也不能去除那些可能需要持续更长时间的交易行为①。因此，考虑到企业长期绩效的影响因素很多，且由于时间问题，其绩效未必源于或完全源于此前的跨境并购，故本书对中国企业跨境并购长期绩效仅作财务评价。

根据中国式跨境并购的浪潮、动因、风险，尤其是其特殊性，对跨境并购成败和绩效的背景和基础性负面影响，并参考邓宁的国际生产折衷理论和投资发展阶段理论，本书认为，中国企业跨境并购总体而言不具备“O+I+L”优势，绩效难佳。

根据前述文献综述已有学者的研究，关于中国企业跨境并购绩效，有绩效良好论、绩效不显著论、绩效不佳论。当然，其所言绩效有的指短期绩效，有的指长期绩效。有的认为，中国企业跨境并购，3 年期超额收益仍然保持非负(顾露露和 Robert Reed，2011)；有的认为，跨境并购决策为公司股东带来了显著的财富效应(邵新建等，2012)；有的认为，我国上市公司跨境并购总体获得了正的累计超额收益(陆瑶等，2011)。有的认为，中国企业跨境并购，并购前后绩效在总体上没有显著改善(阎大颖，2009)；有的认为，跨境并购对企业绩效并未能显著改善(阎大颖，2009)；有的认为，跨境并购对企业绩效影响并不显著(吴茜茜，2011)；有的认为，我国上市公司整体并购绩效在并购当年和次年提升，随后普遍下降，至第三年显著性水平已经不高(冯根福和吴林江，2011)。有的认为，中国上市公司跨境并购的累计超额收益显著为负(钱婷等，2011)；有的认为，中国企业跨境并购累计超额收益率总体为负，且呈现不断下降的趋势(马建威，2011)；有的认为，中国企业跨境并购整体绩效不佳(王仁荣，2012)；有的认为，中国企业跨境并购中国有企业并购的整体效果不佳(张传民，2012)；有的认为，中国企业跨境并购在整合期内对商业银行绩效有负效应，在整合完成后多个行业并购绩效依然为负(刘艳春等，2013)。综合考虑如上所述，本书提出假设 H13。

假设 H13：中国企业跨境并购，长期绩效不佳并变差。

① Patrick A.Gaughan.兼并、收购与公司重组[M].朱宝宪，吴亚君，译.北京：机械工业出版社，2010：334-337.

第二节 研究设计

一、本书相关因变量和自变量等的设定与定义

（一）自变量、控制变量、因变量设定

本书研究中国企业跨境并购，研究跨境并购影响因素与跨境并购成败和绩效的关系。因此，中国企业跨境并购成败和绩效是因变量。

本书关注中国企业跨境并购六个主要影响因素，分别为国家层面的文化距离、目标公司是否在发达国家、企业层面的并购公司是否为国有企业、是否同行业并购以及交易层面的是否绝对控股并购、是否以现金形式支付。因此，这六个影响因素为自变量。

根据相关理论与文献回顾，目标公司是否为资源类企业、是否有跨境并购经验、目标公司是否为非上市公司是影响并购成败的重要因素，因此，它们作为并购成败研究的控制变量；是否有跨境并购经验、管理层代理动机则是影响并购短期绩效的重要因素，因此，它们作为并购短期绩效研究的控制变量。

（二）关于跨境并购成败和绩效的含义界定

前文已述，从广义上讲，跨境并购成败包括跨境并购经宣布而完成以及跨境并购完成并取得短期绩效和长期绩效。Sudi Sudarsanam（2013）认为，跨境并购成功由以下两条标准衡量：第一，并购公司的权益回报率和资产回报率的提升；第二，资本回报是否超过并购公司的资本成本①。

本书所述跨境并购成败，是从狭义上讲的，即跨境并购经宣布而完成。本书所述跨境并购绩效，包括以事件研究法（或称股票评价法）考察的短期绩效和以财务分析法考察的长期绩效。前述文献综述中谈及的并购成败，有的是从狭义上讲的，也有的是从广义上讲的，在文献综述部分以及其他文献引用处，因为原文如此，本书未一一说明和区分；同时，因为两者在广义上

---

① Sudi Sudarsanam.并购创造价值（第二版）[M].芮萌，译.北京：中国人民大学出版社，2013：218-222.

是同一个问题，本书只是在研究中作了区分。因此，本书所研究的跨境并购成败和短期绩效、长期绩效，就是指跨境并购成败问题。

（三）关于跨境并购成败和绩效影响因素的定义

1. 文化距离

本书以 HOFSTEDE 文化指数衡量国家与国家间的文化距离。文化距离指不同国家文化间的差异程度，主要包括语言差异、生活习惯差异、社会文化差异等。文化距离通常从人文传统、民族渊源、宗教信仰以及地域范围等角度考察。前文已述，荷兰管理学家霍夫斯泰德（HOFSTEDE）的文化维度理论是最有影响力的跨文化管理理论，其为跨文化研究者和实践者认识和分析文化差异提供了有价值的研究工具。HOFSTEDE 文化指数包括权力距离（power distance）、个人主义（individualism）、男性主义（masculinity）、不确定性避免（uncertainty avoidance）、实用主义（pragmatism）和自我放纵度（indulgence）六个维度，以 0—100 分对各国文化特征进行量化[①]。即以 HOFSTEDE 文化指数表示文化距离，区分不同国家间的文化差异。

本书先从 HOFSTEDE 指数网站获取样本东道国与中国 HOFSTEDE 指数的各项平均分，再求出两国之差的绝对值，作为文化距离指标值。文化距离指标值越低，表明中国与该东道国人文环境差异越小，即中国与该国文化距离越小；反之，文化距离越大。

2. 发达国家与非发达国家

本书采用联合国贸易和发展会议发布的《世界投资报告》所用的主要国家类别区分发达国家和非发达国家。该报告所用的主要国家类别则沿用联合国统计司（United Nations Statistics Division）的分类[②]。

发达国家一般指已开发国家，指经济发展水平较高、技术较为先进、生活水平较高的国家。根据《世界投资报告》所用的分类，发达国家共 41 个，包括经合组织成员国中除智利、墨西哥、韩国和土耳其以外的其他国家；加上不属于经合组织成员国的欧洲联盟新成员国，如保加利亚、塞浦路斯、拉

① 本文采用的是 HOFSTEDE 指数 2014 年公布的数据，网址：http://geert-hofstede.com/。

② 联合国贸易和发展会议.2013 年世界投资报告[R].纽约和日内瓦：联合国，2013：《2013 年世界投资报告》的国家分类和《2010 年世界投资报告》《2011 年世界投资报告》《2012 年世界投资报告》的相关内容完全一致，故此处仅列《2013 年世界投资报告》作为引用出处。

脱维亚、立陶宛、马耳他、罗马尼亚等;外加安道尔、百慕大、列支敦士登、摩纳哥和圣马力诺。所以,发达国家包括经合组织成员国等国家,以经合组织成员国为代表,并主要指经合组织成员国。

非发达国家指上述所列发达国家之外的其他国家,包括转型期经济体和发展中经济体。根据《世界投资报告》所用的分类,转型期经济体共 18 个,包括东南欧国家、独立国家联合体和格鲁吉亚等;发展中经济体则泛指所有不在以上之列的非发达经济体。所以,非发达国家主要指经合组织成员国之外的国家。

3. 国有企业与非国有企业

本书定义的国有企业,是指国有全资和国有控股企业,非国有企业主要指民营企业(或称私有企业)。

4. 同行业并购与跨行业并购

本书采用国际行业分类标准 SIC 一级分类。当并购公司和目标公司具有相同的 SIC 一级分类行业编码时,则定义为同行业并购,否则,定义为跨行业并购,或称非同行业并购。

5. 绝对控股并购和非绝对控股并购

本书沿用 SDC 数据库关于跨境并购中的绝对控股并购和非绝对控股并购的定义。绝对控股并购是指 50%或 50%以上股权比例的跨境并购,或指跨境并购前后股权比例自 50%以下提升至 50%以上。非绝对控股并购是指 49.99%股权比例以下的跨境并购,或指跨境并购前后股权比例自 50.1%提升至 99.9%。

6. 现金支付和非现金支付

本书定义的现金支付,是指在跨境并购中,采用 100%的现金支付。其他支付方式均为非现金支付,包括股票支付或股票和现金混合支付等。

7. 资源类企业和非资源类企业

本书按照 SIC 行业分类一级标准,将矿业(mining)以及农业、林业和渔业(agriculture, forestry and fishing)的企业定义为资源类企业,其他为非资源类企业。根据本书的数据,如图 1-3 的 1990—2012 年中国企业跨境并购各行业交易数量和交易金额,中国企业跨境并购目标公司中的资源类企业主要指矿业。

8. 跨境并购经验

本书定义是否具有跨境并购经验，若并购公司在本次并购前进行过跨境并购，则认为其具有跨境并购经验，否则，认为其不具有跨境并购经验。

9. 目标公司是否为非上市公司

本书沿用 SDC 数据库关于目标是否为非上市公司的定义，将目标公司分为两类：一类是上市公司，一类是非上市公司。

10. 管理层代理动机

本书以并购公司在并购公告日前一年的企业自由现金流作为管理层代理动机的代理变量。企业自由现金流的计算公式为

企业自由现金流＝(净利润＋利息费用＋非现金支出)
－营运资本增加－资本性支出

二、本书研究方法

(一) 关于中国企业跨境并购成败

本书采用 LOGIT 模型考察中国企业跨境并购成败及其影响因素。首先，对全部样本进行分析，主要检验假说 H1、H2、H3、H4、H5 以及 H6。其次，对目标公司在发达国家子样本与目标公司在非发达国家子样本分别进行回归，比较同一影响因素对于在发达国家并购与非发达国家并购有何不同，即主要检验假说 H3a、H4a、H5a 以及 H6a。模型设定如下。

$$Y=\ln\left(\frac{P}{1-P}\right)=\alpha+\beta\cdot X+\gamma\cdot C+\varepsilon$$

其中，P 为中国企业进行跨境并购交易完成的概率；X 为自变量，包括中国企业跨境并购成败的国家层面、企业层面和交易层面的六个影响因素，分别是文化距离(HOFSTEDE 文化指数)、目标公司是否在发达国家、并购公司是否为国有企业、是否同行业并购、是否绝对控股并购、是否以现金形式支付；C 为控制变量，包括目标公司是否为资源类企业、是否有跨境并购经验以及目标公司是否为非上市公司。

（二）关于中国企业跨境并购短期绩效

本书采用事件研究法（或称股票评价法）计算中国企业跨境并购短期公告超额收益率，以此衡量并购短期绩效，并通过回归模型分析影响短期绩效的因素。

首先，采用事件研究法计算中国企业跨境并购短期公告超额收益率，步骤如下。

第一步：以市场模型估计系数。估计区间为并购宣告前 150 个交易日至并购宣告前 30 个交易日，得到系数 a 和 b 的估计值 $\hat{a}$、$\hat{b}$。

$$R_{it} = a + b \cdot R_{mt}$$

其中，R_{it} 为并购公司股票每日除权收益率，R_{mt} 为中国沪深 300 指数每日收益率。

第二步：求并购公司股票在事件区间的期望收益率。本书分别选取并购宣告日前后 1 天、5 天、10 天、15 天、20 天以及 30 天作为事件区间。

$$E(R_{it}) = \hat{a} + \hat{b} \cdot R_{mt}$$

其中，$E(R_{it})$ 为并购公司股票在事件区间的每日期望收益率。R_{mt} 为中国沪深 300 指数在事件区间的每日收益率。

第三步：求并购公司股票在事件区间的超额收益率。

$$AR_{it} = R_{it} - E(R_{it})$$

其中，AR_{it} 为并购公司股票在事件区间的每日超额收益率，R_{it} 为并购公司股票在事件区间的每日除权收益率，$E(R_{it})$ 为并购公司股票在事件区间的每日期望收益率。

第四步：求事件区间累计超额收益率。

$$CAR_i = \sum_{-t}^{t} AR_{it}$$

其中，CAR_i 为并购公司股票在事件区间的累计超额收益率，$-t$，t 为事件区间。本书分别选取 $t=1$，5，10，15，20，30 进行研究。

其次，通过回归模型分析影响短期绩效的因素。回归模型如下。

$$CAR_i = \alpha + \beta \cdot X + \gamma \cdot C + \varepsilon$$

其中，CAR_i 为并购公司股票在事件区间的累计超额收益率，即中国企业跨境并购短期绩效；X 为自变量，包括中国企业跨境并购成败的国家层面、企业层面、交易层面的六个影响因素，分别是文化距离（HOFSTEDE 文化指数）、目标公司是否在发达国家、并购公司是否为国有企业、是否同行业并购、是否绝对控股并购、是否以现金形式支付；C 为控制变量，包括是否有跨境并购经验以及管理层代理动机。

（三）关于中国企业跨境并购长期绩效

本书以财务评价法研究中国企业跨境并购长期绩效。首先考察 ROE、ROA、资产负债率、营业收入同比增长率、营业利润同比增长率，从并购前一年到并购后三年相对于行业均值的变化趋势。为了剔除行业因素的影响，五项会计绩效指标取值均为减去行业平均以后的相对值。由于样本中会计绩效指标存在极端值，本书在 5%处进行了缩尾处理。其次，考察并购公司自身在并购当年、并购后第一年到第三年的 ROE 表现是否显著差于并购前一年，并在不同类型的子样本中进行比较。

三、数据来源以及样本筛选

（一）关于中国企业跨境并购成败

1. 数据来源

关于中国企业跨境并购成败的数据来源为：汤姆逊 SDC PLATINUM 全球并购数据库。样本为：1990—2012 年全部中国企业跨境并购事件。

2. 样本筛选

样本筛选标准为：并购公告介于 1990 年 1 月—2012 年 12 月；中国大陆并购公司和中国境外目标公司，包括中国港澳台地区目标公司，但不包括在境外注册而主要业务在中国的目标公司；并购交易未完成和已完成；去掉并购形式为资产并购的案例。最终选取的样本规模为 1 513 例。

（二）关于中国企业跨境并购短期绩效

1. 数据来源

关于中国企业跨境并购短期绩效的并购数据来源为：汤姆逊 SDC PLATINUM 全球并购数据库，公司股价以及财务数据来源为 WIND、

CSMAR 数据库。样本为：1990—2012 年全部中国企业跨境并购事件。

2. 样本筛选

样本筛选标准为：并购公告介于 1990 年 1 月—2012 年 12 月；中国大陆并购公司和中国境外目标公司，包括中国港澳台地区目标公司，但不包括在境外注册而主要业务在中国的目标公司；并购交易已完成；并购公司为中国大陆 A 股上市公司。最终选取的样本规模为 163 例。

(1) 计算中国企业跨境并购公告短期超额收益率的样本。

样本筛选标准为：如果一家公司在该并购发生前 180 个交易日，并购后 30 个交易日发生其他跨境并购事件，则将该并购样本剔除；如果同一家上市公司在同一天宣告两笔或者两笔以上的并购交易，则只保留第一笔交易；删除了缺乏交易数据的样本。最终样本规模为 105 例。

(2) 对中国企业跨境并购公告短期超额收益率进行回归分析的样本。

样本筛选标准为：在原 105 例样本的规模上，进一步删除了缺失回归相关变量数据的样本[①]。最终样本规模为 50 例。

(三) 关于中国企业跨境并购长期绩效

1. 数据来源

关于中国企业跨境并购长期绩效的并购数据来源为：汤姆逊 SDC PLATINUM 全球并购数据库。样本为：1990—2012 年全部中国企业跨境并购事件。公司财务指标数据来源为 WIND、CSMAR 数据库。

2. 样本筛选

样本筛选标准为：并购公告介于 1990 年 1 月—2012 年 12 月；中国大陆并购公司和中国境外目标公司，包括中国港澳台地区的目标公司，但不包括在境外注册而主要业务在中国的目标公司；并购交易已完成；并购公司为中国大陆 A 股上市公司；如果一家公司在该并购发生前 1 年、并购后 3 年发生其他跨境并购事件，则将该并购样本剔除；如果同一家上市公司在同一天宣告两笔或者两笔以上的并购交易，则只保留第一笔交易；删除了缺乏交易数据的样本。最终样本规模为 102 例。

---

① 主要缺失数据的变量包括管理层动机等。比如并购发生在上市当年，那么并购前一年管理层动机变量无法得到。

第四章 实证结果与分析

第一节 描述性统计与分析

一、关于中国企业跨境并购的成败

从表 4-1 全样本描述性统计中可以看出，全部 1 513 例样本中，从交易宣布到交易完成的跨境并购，占比全部观测样本约 60%；交易宣布但交易未完成的跨境并购，占比全部观测样本约 40%。因此，本书意义上的中国企业跨境并购成败分析，成功率约 60%，失败率约 40%。

表 4-1 中国企业跨境并购成败全样本结构

变 量	观测	均 值	标准差	最小值	最大值
并购交易是否完成	1 513	0.600 8	0.489 9	0	1
文化距离	1 513	1.882 3	1.624 5	0.177 5	6.085 4
目标公司是否在发达国家	1 513	0.463 3	0.498 8	0	1
并购公司是否为国有企业	1 513	0.240 6	0.427 6	0	1
是否同行业并购	1 513	0.466 6	0.499 0	0	1
是否绝对控股并购	1 513	0.525 4	0.499 5	0	1
是否以现金形式支付	1 513	0.304 0	0.460 1	0	1
目标公司是否为资源类企业	1 513	0.240 6	0.427 6	0	1
是否有跨境并购经验	1 513	0.381 4	0.485 9	0	1
目标公司是否为非上市公司	1 513	0.265 7	0.441 8	0	1

从国家层面的因素看，首先，HOFSTEDE 文化指数的均值约为 1.88，本书以 HOFSTEDE 文化指数识别并区分中国和其他国家间的文化距离，该指数越大，说明文化距离越大；其次，目标公司是否在发达国家的均值约为 0.46，即本书样本中的中国企业跨境并购在目标公司选择上，约 46%在发达国家，约 54%在非发达国家。

从企业层面的因素看，首先，并购公司是否为国有企业的均值约为 0.24，即本书样本中的中国企业跨境并购主体，约 24%是国有企业所为，约 76%为非国有企业所为；其次，是否同行业并购的均值约为 0.47，即本书样本中的中国企业跨境并购在行业选择中，约 47%为同行业并购，约 53%为非同行业并购。

从交易层面的因素看，首先，是否绝对控股并购的均值约为0.53，即本书样本中的中国企业跨境并购在控股比例上，约 53%为绝对控股并购，约 47%为非绝对控股并购；其次，是否以现金形式支付的均值约为 0.30，即本书样本中的中国企业跨境并购在支付方式选择上，约 30%为现金支付，约 70%为非现金支付。

从作为控制变量的因素看，第一，目标公司是否为资源类企业的均值约为 0.24，即本书样本中的中国企业跨境并购，并购资源类企业的约占 24%，并购非资源类企业的约占 76%；第二，是否有跨境并购经验的均值约为 0. 38，即本书样本中的中国企业跨境并购主体，具有跨境并购经验的约占 38%，没有跨境并购经验的约占 62%；第三，目标公司是否为非上市公司的均值约为 0.27，即本书样本中的中国企业跨境并购的目标公司为非上市公司的约占 27%，而目标公司为上市公司的约占 73%。

从表 4-2 目标公司在发达国家子样本结构以及表 4-3 目标公司在非发达国家子样本结构的对比中可以看出，在发达国家 701 例样本中，从交易宣布到交易完成的跨境并购，占比全部观测样本约 61%；在非发达国家 812 例样本中，从交易宣布到交易完成的跨境并购，占比全部观测样本约 59%。即本书意义上的中国企业跨境并购成败分析，并购发达国家企业的并购平均成功率略高于并购非发达国家企业的并购平均成功率。

表 4-2　中国企业跨境并购成败发达国家子样本结构

变　量	观测	均　值	标准差	最小值	最大值
并购交易是否完成	701	0.612 0	0.487 6	0	1
文化距离	701	3.521 1	0.516 1	2.410 4	6.085 4
目标公司是否在发达国家	701	1.000 0	0.000 0	1	1
并购公司是否为国有企业	701	0.228 2	0.420 0	0	1
是否同行业并购	701	0.457 9	0.498 6	0	1
是否绝对控股并购	701	0.490 7	0.500 3	0	1
是否以现金形式支付	701	0.316 7	0.465 5	0	1
目标公司是否为资源类企业	701	0.395 1	0.489 2	0	1
是否有跨境并购经验	701	0.408 0	0.491 8	0	1
目标公司是否为非上市公司	701	0.238 2	0.426 3	0	1

表 4-3　中国企业跨境并购成败非发达国家子样本结构

变　量	观测	均　值	标准差	最小值	最大值
并购交易是否完成	812	0.591 1	0.491 9	0	1
文化距离	812	0.467 5	0.604 0	0.177 5	3.311 5
目标公司是否在发达国家	812	0.000 0	0.000 0	0	0
并购公司是否为国有企业	812	0.251 2	0.434 0	0	1
是否同行业并购	812	0.474 1	0.499 6	0	1
是否绝对控股并购	812	0.555 4	0.497 2	0	1
是否以现金形式支付	812	0.293 1	0.455 5	0	1
目标公司是否为资源类企业	812	0.107 1	0.309 5	0	1
是否有跨境并购经验	812	0.358 4	0.479 8	0	1
目标公司是否为非上市公司	812	0.289 4	0.453 8	0	1

值得注意的几处差异包括：首先，发达国家子样本的文化距离均值约为 3.52，显著高于非发达国家子样本的文化距离均值约 0.47，说明发达国家与非发达国家除了经济水平差异外，文化差异也很大；其次，中国企业跨境并购在非发达国家进行同行业并购、绝对控股并购、并购非上市公司的比例更高，但采用现金支付方式、并购资源类企业、并购公司具有跨境并购经验的比例更低。

二、关于中国企业跨境并购的短期绩效

(一) 计算中国企业跨境并购公告短期超额收益率的样本结构

从表4-4样本的描述性统计中可以看出,本书样本中,中国企业跨境并购短期公告效应平均超额收益率均为正值,其中,公告日前后1天的平均超额收益率约为1.2%,公告日前后5天的平均超额收益率约为1.9%,公告日前后10天的平均超额收益率约为1.7%,公告日前后15天的平均超额收益率约为0.8%,公告日前后20天的平均超额收益率约为1.8%,公告日前后30天的平均超额收益率约为0.8%。从整体上看,中国企业跨境并购短期公告效应平均超额收益率随着事件区间增长有递减趋势。从目标公司在发达国家子样本与目标公司在非发达国家子样本的短期绩效对比中可以看出,中国企业跨境并购发达国家企业的短期公告效应平均超额收益率在不同事件窗口内几乎都高于并购非发达国家企业,说明资本市场对于中国企业去发达国家进行跨境并购的反应更为积极。

表4-4 中国企业跨境并购短期绩效样本结构

变　量	观测	均　值	标准差	最小值	最大值
全部样本					
CAR −1,1	105	0.011 9	0.043 1	−0.113 2	0.192 9
CAR −5,5	105	0.018 6	0.074 9	−0.151 7	0.313 0
CAR −10,10	105	0.017 1	0.098 2	−0.212 2	0.415 1
CAR −15,15	105	0.008 0	0.123 1	−0.400 6	0.352 3
CAR −20,20	105	0.018 3	0.160 5	−0.448 9	0.438 6
CAR −30,30	105	0.008 1	0.201 6	−0.783 3	0.588 3
目标公司在发达国家子样本					
CAR −1,1	66	0.015 5	0.049 0	−0.113 2	0.192 9
CAR −5,5	66	0.020 4	0.084 1	−0.151 7	0.313 0
CAR −10,10	66	0.017 1	0.105 6	−0.212 2	0.415 1
CAR −15,15	66	0.014 5	0.124 0	−0.400 6	0.352 3
CAR −20,20	66	0.024 6	0.162 4	−0.448 9	0.432 3
CAR −30,30	66	0.016 6	0.195 2	−0.783 3	0.337 8

续　表

变　　量	观测	均　值	标准差	最小值	最大值
目标公司在非发达国家子样本					
CAR －1,1	39	0.005 8	0.030 3	－0.064 7	0.062 9
CAR －5,5	39	0.015 5	0.057 0	－0.117 5	0.163 8
CAR －10,10	39	0.017 1	0.085 6	－0.203 0	0.176 9
CAR －15,15	39	－0.003 0	0.122 2	－0.290 0	0.313 5
CAR －20,20	39	0.007 6	0.158 8	－0.254 2	0.438 6
CAR －30,30	39	－0.006 1	0.213 9	－0.584 6	0.588 3

（二）对中国企业跨境并购公告短期超额收益率进行回归分析的样本结构

由于变量存在数据缺失，本书进行回归的样本数量为 50 例，如表 4-5 所示。从国家层面的因素看，文化距离均值约为 3.04；目标公司是否在发达国家均值约为 0.82，即本书并购短期绩效回归样本中的中国企业跨境并购，在目标公司的选择上，约 82％在发达国家①。从企业层面的因素看，首先，并购公司是否为国有企业的均值约为 0.52，即本书并购短期绩效回归样本中的中国企业跨境并购主体，约 52％是国有企业所为，约 48％为非国有企业所为，说明中国 A 股上市公司进行跨境并购以国有企业为主；其次，是否同行业并购的均值约为 0.62，即本书并购短期绩效回归样本中的中国企业跨境并购在行业选择中，约 62％为同行业并购，约 38％为跨行业并购。从交易层面的因素看，首先，是否绝对控股并购的均值约为 0.74，即本书并购短期绩效回归样本中的中国企业跨境并购在控股比例上，约 74％为绝对控股并购，约 26％为非绝对控股并购；其次，是否以现金形式支付的均值约为 0.38，即本书并购短期绩效回归样本中的中国企业跨境并购在支付方式选择上，约 38％为现金支付，约 62％为非现金支付。从作为控制变量的因素看，首先，是否有跨境并购经验的均值约为 0.44，即本书样本中的中国企业跨境并购主体，具有跨境并购经验的约占 44％，没有跨境并购经验的约

① 由于样本中目标公司在发达国家占多数，本文进一步采用 t 检验方法，对中国企业跨境并购短期绩效影响因素在发达国家与非发达国家子样本中进行比较，以增强结果的稳健性。

占 56%;其次,管理层代理动机的均值约为 0.52,即本书样本中的中国企业跨境并购公司在并购公告前一年的平均每股企业自由现金流量为 0.52 元。

表 4-5 中国企业跨境并购短期绩效回归样本结构

变量	观测	均值	标准差	最小值	最大值
CAR −1,1	50	0.015 0	0.051 0	−0.113 2	0.192 9
CAR −5,5	50	0.015 1	0.079 0	−0.151 7	0.313 0
CAR −10,10	50	0.012 2	0.100 6	−0.212 2	0.415 1
CAR −15,15	50	−0.001 5	0.127 5	−0.400 6	0.352 3
CAR −20,20	50	0.028 3	0.151 7	−0.448 9	0.432 3
CAR −30,30	50	0.010 4	0.201 2	−0.783 3	0.337 8
文化距离	50	3.041 0	1.060 1	0.525 2	5.564 4
目标公司是否在发达国家	50	0.820 0	0.388 1	0	1
并购公司是否为国有企业	50	0.520 0	0.504 7	0	1
是否同行业并购	50	0.620 0	0.490 3	0	1
是否绝对控股并购	50	0.740 0	0.443 1	0	1
是否以现金形式支付	50	0.380 0	0.490 3	0	1
是否有跨境并购经验	50	0.440 0	0.501 4	0	1
管理层代理动机	50	0.515 2	0.957 0	−3.001 9	2.174 2

三、关于中国企业跨境并购的长期绩效

从表 4-6 的描述性统计结果中可以看出①,本书选取的五项并购长期绩效指标,即净资产收益率、总资产收益率、资产负债率、营业收入同比增长率以及营业利润同比增长率,在并购前一年均优于行业均值,但并购后逐渐差于行业均值。以并购后第三年相对应并购前一年的变化为例,净资产收益率从高于行业均值约 0.39%到低于行业均值约 6.08%,总资产收益率从高于行业均值约 0.35%到低于行业均值约 1.57%,资产负债率从低于行业均值约 12.10%到高于行业均值约 4.67%,营业收入同比增长率与营业利润同比增长率相对于行业的增速均下降。这说明中国企业跨境并购的长期绩效有变差的趋势。

① 需要说明的是,根据样本筛选标准,本文获得了 102 例样本。但由于财务指标数据受到并购时间跨度限制,本文只能根据实际可获取数据进行统计分析。

表 4-6　中国企业跨境并购长期绩效样本结构

长期绩效指标	观测	均值	标准差	最小值	最大值
并购前一年					
净资产收益率(%)	95	0.388 8	14.994 9	−67.200 0	53.130 0
总资产收益率(%)	99	0.349 3	4.810 0	−7.101 6	10.099 5
资产负债率(%)	99	−12.103 8	27.926 8	−81.314 0	24.568 7
营业收入同比增长率(%)	99	17.234 7	30.077 7	−29.919 3	90.837 6
营业利润同比增长率(%)	99	17.229 2	69.481 7	−108.644 3	148.508 7
并购当年					
净资产收益率(%)	94	−2.562 3	12.662 9	24.100 0	−55.670 0
并购当年					
总资产收益率(%)	99	−0.539 9	4.903 3	−9.109 6	10.723 0
资产负债率(%)	100	−4.246 9	19.144 0	−39.952 7	25.766 5
营业收入同比增长率(%)	99	20.188 3	34.564 1	−26.675 8	100.531 2
营业利润同比增长率(%)	100	22.551 2	134.464 3	−197.632 4	442.076 6
并购后一年					
净资产收益率(%)	96	−2.405 6	13.192 7	25.980 0	−48.800 0
总资产收益率(%)	100	−0.814 1	4.294 9	−7.446 8	8.942 6
资产负债率(%)	100	−0.152 4	18.222 8	−37.916 4	28.193 3
营业收入同比增长率(%)	100	18.018 8	37.807 4	−33.354 5	115.915 0
营业利润同比增长率(%)	100	−4.669 9	105.305 9	−292.643 8	205.696 5
并购后两年					
净资产收益率(%)	76	−2.519 9	11.447 9	24.400 0	−47.590 0
总资产收益率(%)	78	−1.382 0	3.972 0	−9.404 4	6.775 1
资产负债率(%)	80	2.162 3	17.428 5	−31.039 8	33.245 4
营业收入同比增长率(%)	80	6.981 9	28.032 2	−41.201 7	74.466 4
营业利润同比增长率(%)	78	−9.862 3	118.611 5	−328.979 6	251.566 6
并购后三年					
净资产收益率(%)	59	−6.078 4	21.410 0	29.340 0	−87.970 0

续 表

长期绩效指标	观测	均值	标准差	最小值	最大值
总资产收益率(%)	62	−1.573 0	5.224 4	−9.108 2	11.104 7
资产负债率(%)	62	4.672 7	17.200 0	−29.611 6	32.215 8
营业收入同比增长率(%)	62	5.158 3	18.663 3	−25.914 6	45.413 9
营业利润同比增长率(%)	62	−22.984 1	189.895 4	−601.133 8	219.297 6
HOFSTEDE 文化指数	71	3.020 0	1.050 1	0.513 7	6.085 4
目标公司是否在发达国家	95	0.619 0	0.488 0	0	1
并购公司是否为国有企业	95	0.485 7	0.502 2	0	1
是否同行业并购	95	0.695 2	0.462 5	0	1
是否绝对控股并购	95	0.723 8	0.449 3	0	1
是否以现金形式支付	95	0.419 0	0.495 8	0	1
目标公司是否为资源类企业	95	0.142 9	0.351 6	0	1
是否有跨境并购经验	95	0.276 2	0.449 3	0	1
目标公司是否为非上市公司	95	0.219 0	0.415 6	0	1

第二节 主要假说的实证结果

一、关于中国企业跨境并购的成败

(一) 多元回归结果

如前所述,根据本书样本数据,中国企业跨境并购从交易宣布到交易完成,并购交易完成的比例为 60%左右,即本书定义下的中国企业跨境并购成功率约为 60%,约 60%的跨境并购自宣布而成功完成交易。进而,根据本书数据,中国企业跨境并购在发达国家的成功率约 61%,在非发达国家的成功率约 59%,并无显著差异。本书以 LOGIT 模型检验了影响中国企业跨境并购成败的因素,表 4-7 列示了回归结果。

表 4-7　中国企业跨境并购成败主回归和分组回归

变　　量	全部样本	目标公司在发达国家	目标公司在非发达国家
文化距离	0.006 6	−0.131 7	0.109 1
	(0.07)	(−0.86)	(0.80)
目标公司是否在发达国家	0.130 2		
	(0.42)		
并购公司是否为国有企业	−0.389 6***	−0.499 0***	−0.279 0*
	(−3.12)	(−2.64)	(−1.66)
是否同行业并购	0.330 9***	0.087 8	0.528 7***
	(3.07)	(0.54)	(3.62)
是否绝对控股并购	−0.172 5	0.019 7	−0.317 7**
	(−1.58)	(0.12)	(−2.13)
是否以现金形式支付	0.236 2**	0.309 6*	0.147 2
	(2.00)	(1.76)	(0.90)
目标公司是否为资源类企业	−0.200 4	−0.169 7	−0.352 1
	(−1.43)	(−0.96)	(−1.35)
是否有跨境并购经验	0.010 0	−0.000 3	0.023 6
	(0.09)	(−0.00)	(0.15)
目标公司是否为非上市公司	0.425***	0.547 1***	0.350 4**
	(3.31)	(2.66)	(2.09)
常数项	0.237	0.838 4	0.211 0
	(1.77)	(1.45)	(1.27)
N	1 513	701	812

注释：括号内为 *t* 值，*、**、*** 分别代表在 10%、5%和 1%水平上显著。

(二) 研究分析

表 4-7 列示了假设 H1 到假设 H6a 的回归结果，下面依次予以分析。

(1) 假设 H1 未获研究结果支持。

假设 H1：中国企业跨境并购，选择文化距离大的国家的目标公司，较之选择文化距离小的国家的目标公司，更难成功。

根据回归结果，该自变量对应的解释系数为 0.006 6，并且统计上不显著。这说明，在全部样本中，本书的研究结果为，中国企业跨境并购，国家间文化距离对并购成败的影响不显著。

根据跨境并购实践，文化对跨境并购有影响，而且国家和国家间文化不同，对跨境并购有关键影响。根据前述文献已有学者研究，文化是隐性制度或文化制度具有内隐特点（杨群，2012），企业并购失败最大的原因在于文化整合问题（田泽，2010）。因此，文化对跨境并购交易是否完成的影响，应小于对跨境并购绩效的影响。所以，文化因素对跨境并购成败的影响不显著，对跨境并购的绩效，尤其对并购整合，应有较大影响。

（2）假设 H2 未获研究结果支持。

假设 H2：中国企业跨境并购，选择发达国家的目标公司，较之选择非发达国家的目标公司，更难成功。

根据回归结果，该自变量对应的解释系数为 0.130 2，并且统计上不显著。这说明，在全部样本中，本书的研究结果为，中国企业跨境并购，目标公司是否在发达国家对并购成败的影响不显著。

邓宁的国际生产折衷理论，可以较好地解释发达国家跨境并购等对外直接投资对非发达国家跨境并购等对外直接投资也有一定的解释力，因为中国企业在发达国家跨境并购，确实缺乏“O+I+L”优势，条件并不具备或不充分。而且，中国和以经合组织为代表的发达国家存在商业准则甚至价值观等诸多明显不同，也构成中国企业跨境并购等对外直接投资在发达国家的阻力。根据邓宁的投资发展阶段理论，中国的人均 GNP 已分别在 2006 年超过了 2 000 美元，在 2011 年超过了 5 000 美元。中国经济的发展，既为中国企业跨境并购等对外直接投资提供了一定的条件，也构成其动力和动因。在非发达国家中，中国经济发展处于领先地位。另外，根据前述文献和已有学者的研究，我国民营企业主要青睐于发达国家企业（邹建卫，2008），东道国外资开发度较高有助于提高并购成功率（阎大颖，2011）。因此，中国企业跨境并购，在发达国家或非发达国家不是问题，对跨境并购成败的影响不显著，可能与中国经济的发展增强了相对竞争优势有关。

（3）假设 H3、假设 H3a 获得研究结果支持。

假设 H3：中国企业跨境并购，国有企业较之非国有企业，更难成功。

根据回归结果，该自变量对应的解释系数为－0.389 6，并且在 1%的水平上显著。这说明，在全部样本中，本书的研究结果为，中国企业跨境并购，并购公司是否为国有企业对并购成败的影响显著；国有企业较之非国有企业，跨境并购完成概率低，跨境并购完成更困难。

根据前述文献已有学者研究，尽管有学者认为，国家在全球化进程中支持企业已是国际通行的行为准则，发达国家对跨境并购也有支持性政策（姜秀珍和徐波，2005；柏航周和靳雪银，2011）。但由于国有企业的官商双重身份，以及行政领导代替企业自主经营等多重国有企业特点的原因（张传民，2012；杨春桃，2014），使中国国有企业在跨境并购初始的成败（交易能否完成的问题）上即构成负面影响因素，这与诸多学者的研究结论一致（马建威，2011；阎大颖，2011；张建红等，2010；何帆，2013）。因此，中国企业跨境并购，国有企业是并购成功（交易能够完成）的一个显著负面影响因素。

假设 H3a：中国企业跨境并购，国有企业较之非国有企业，选择发达国家的目标公司比选择非发达国家的目标公司，更难成功。

国有企业较之非国有企业，选择发达国家的目标公司，解释系数为−0.499 0，并且在1%的水平上显著；选择非发达国家的目标公司，解释系数为−0.279 0，在10%的水平上显著。这说明，国有企业较之非国有企业的跨境并购，在发达国家和非发达国家，完成概率都低，都更困难；但是，在发达国家，国有企业对并购成败的负面影响更大。本书假设 H3a 与假设 H2、假设 H3 对应，研究结果也相对应。中国企业跨境并购，从并购成败看，发达国家不是问题，而国有企业是问题，国有企业在发达国家更是问题。因此，中国企业跨境并购，国有企业是并购成败的负面影响因素，国有企业在发达国家并购，更是并购成败的负面影响因素，发达国家对中国国有企业更敏感。

（4）假设 H4、假设 H4a 获得研究结果支持。

假设 H4：中国企业跨境并购，选择同行业的目标公司，较之选择非同行业的目标公司，更易成功。

根据回归结果，该自变量对应的解释系数为 0.330 9，并且在1%的水平上显著。这说明，在全部样本中，本书的研究结果为，中国企业跨境并购，是否同行业并购对并购成败的影响显著；同行业并购较之非同行业并购，完成概率高,跨境并购完成更容易。

根据前述文献已有学者的研究,尽管有学者认为产业匹配对并购的完成没有显著影响(张建红等,2010),但同行业并购对目标公司及其所处行业了解是导致成功的因素之一(Sudi Sudarsanam, 2013);而且,增强专业程度可以提高生产力;国外并购浪潮的历史中,非同行业的跨行业并购多以失败告终。因此,本书假设合乎逻辑,也获得研究结果的支持。

假设 H4a:中国企业跨境并购,同行业并购较之非同行业并购,选择非发达国家的目标公司比选择发达国家的目标公司,更易成功。

同行业并购较之非同行业并购,选择发达国家的目标公司,解释系数为 0.087 8,t 值为 0.54,不显著;选择非发达国家的目标公司,解释系数为 0.528 7,并且在 1%的水平上显著。这说明,同行业并购较之非同行业并购,在发达国家和非发达国家都获正面肯定;但是,在发达国家,同行业并购对并购成败的影响不显著;在非发达国家,同行业并购对并购成败的正面影响显著。本书假设 H4a 与假设 H2、假设 H4 对应,研究结果也相对应。中国企业跨境并购,发达国家不是问题,选择同行业并购是并购成功的正面影响因素,而同行业并购对并购成功的正面影响,在发达国家不明显,在非发达国家明显。所以,中国企业跨境并购,同行业并购较之非同行业并购,在非发达国家更易成功。

(5) 假设 H5 未获研究结果支持,假设 H5a 获得研究结果支持。

假设 H5:中国企业跨境并购,绝对控股并购较之非绝对控股并购,更难成功。

根据回归结果,该自变量对应的解释系数为−0.172 5,符合预期,但是 t 值为−1.58,不显著。这说明,在全部样本中,本书的研究结果为,中国企业跨境并购,是否绝对控股并购对并购成败的影响不显著。

根据前述文献已有学者的研究,从交易层面看并购比例对并购的完成没有显著影响(张建红等,2010),这与本书研究结果一致,但与本书假设相反。但是,如前所述,从绝对控股并购角度讲,其不仅取得了公司股权,也同时取得了公司管理控制权,而且是绝对的公司控制经营权,应该更难并购成功。因此,虽然本书假设 H5 未获研究结果的支持,然而回归系数比较符合预期，即绝对控股并购对跨境并购成功存在负面影响。

假设 H5a：中国企业跨境并购，绝对控股并购较之非绝对控股并购，选择非发达国家的目标公司比选择发达国家的目标公司，更难成功。

绝对控股并购较之非绝对控股并购，选择发达国家的目标公司，解释系数为 0.019 7，并且 t 值为 0.12，不显著；选择非发达国家的目标公司，解释系数为 −0.317 7，并且在 5%的水平上显著。这说明，绝对控股并购在发达国家对并购成败的影响不显著；在非发达国家对并购成败的负面影响显著。也就是说，中国企业跨境并购，绝对控股并购较之非绝对控股并购，在非发达国家比在发达国家更难成功。这支持了本书的观点，即由于发达国家并购交易活跃，市场化程度高，因此，发达国家的企业相对于非发达国家的企业更容易接受绝对控股的并购形式。

(6) 假设 H6、假设 H6a 获得研究结果支持。

假设 H6：中国企业跨境并购，现金支付较之非现金支付，更易成功。

根据回归结果，该自变量对应的解释系数为 0.236 2，并且在 5%的水平上显著。这说明，在全部样本中，本书的研究结果为，中国企业跨境并购，是否以现金形式支付对并购成败的影响显著；现金支付较之非现金支付，跨境并购完成概率高，跨境并购完成更容易。

根据前述文献已有学者的研究，本书假设 H6 获得研究结果支持，证明了对价形式是区分失败的并购交易与成功的并购交易的因素之一(Tyrone M. Carlin 等，2009)，也证明了从历史上看现金是最受欢迎的支付方式(Sudi Sudarsanam，2013)。因此，中国企业跨境并购，以现金形式支付是并购成功的正面影响因素。

假设 H6a：中国企业跨境并购，现金支付较之非现金支付，选择发达国家的目标公司比选择非发达国家的目标公司，更易成功。

现金支付较之非现金支付，选择发达国家的目标公司，解释系数为 0.309 6，在 10%的水平上显著；选择非发达国家的目标公司，解释系数为 0.147 2，t 值为 0.90，不显著。这说明，现金支付在发达国家对并购成败有显著的正面影响；在非发达国家对并购成败的影响不显著。也就是说，中国企业跨境并购，现金支付并购，在发达国家较之在非发达国家，更易成功。

这与前述文献学者已有的研究一致，历史上的并购主要发生在发达国家，从历史上看现金是最受欢迎的支付方式（Sudi Sudarsanam，2013）。本书研究结果表明，中国企业跨境并购发达国家的企业时，是否采用现金支付方式是决定并购成败的关键因素之一；而并购非发达国家企业时，支付方式可以更加灵活，即可以根据最优化原则考虑股权支付、混合支付等其他支付方式。

二、关于中国企业跨境并购的短期绩效

（一）并购短期公告超额收益率

本书根据市场模型计算中国企业跨境并购短期公告超额收益率，作为并购短期绩效衡量指标。图 4-1 呈现了中国企业跨境并购短期绩效的总体情况。表 4-9 列示了中国企业跨境并购短期绩效 t 检验结果。从表 4-8、表 4-9 可以看出，资本市场对于中国企业跨境并购的反应比较积极，并购公司在并购公告日前后 1 天、5 天、10 天均取得了显著为正的累计超额收益。这说明，从总体上看，中国企业跨境并购取得了短期绩效。本书考察了更长事件区间的累计超额收益，发现并购公司在并购公告日前后 15 天、20 天、30 天虽然累计超额收益均为正值，但是在 10%的水平上均不显著，说明正效应随着天数增加而消失。

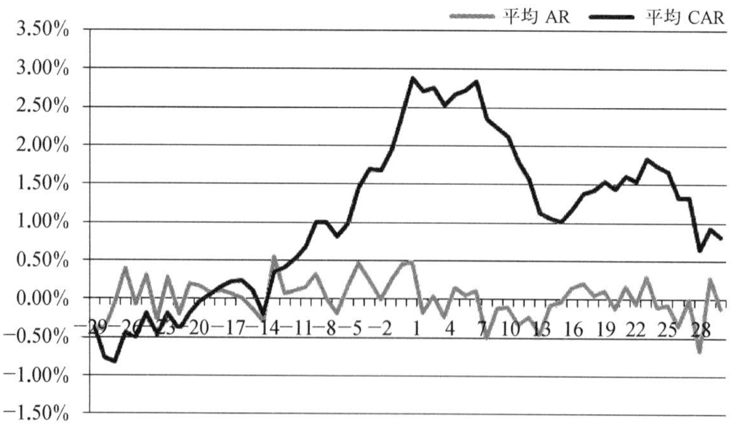

图 4-1　中国企业跨境并购短期绩效 CAR 图

表 4-8　中国企业跨境并购短期绩效全样本 t 检验结果

短期累计超额收益率	均　值	P 值
CAR −1,1	0.011 9***	0.01
CAR −5,5	0.018 6***	0.01
CAR −10,10	0.017 1*	0.08
CAR −15,15	0.008 0	0.51
CAR −20,20	0.018 3	0.25
CAR −30,30	0.008 1	0.68

注释：*、**、*** 分别代表在 10%、5%和 1%水平上显著。

(二) 多元回归分析与 t 检验结果

1. 多元回归结果

如前所述，根据本书样本数据，中国企业跨境并购从整体上取得了显著为正的超额收益率。接下来，本书以多元回归模型检验了影响中国企业跨境并购短期绩效的因素。为了增强结果的稳健性，本书对并购公告日前后 1 天、5 天、10 天、15 天、20 天、30 天的累计超额收益率均进行了考察，表 4-9 列示了回归结果。从表4-9 可以看出，(1)至(6)列模型 F 值均在 1.65 以上，调整的 R^2 值约在 10%—37%，说明模型整体上拟合较好，能够有效地解释中国企业跨境并购的短期绩效。从影响因素看，文化距离、目标公司是否在发达国家以及是否绝对控股并购三项因素在短事件区间与长事件区间均取得了显著一致的回归结果，而是否以现金形式支付因素仅在长事件区间取得显著的回归结果。由于以往文献多以并购公告日前后 10 天作为事件窗口进行研究，因此，本书下述研究分析在综合稳健性的基础上，主要选取(3)列的回归结果进行说明。

表 4-9　中国企业跨境并购短期绩效回归结果

变　量	(1)	(2)	(3)	(4)	(5)	(6)
	CAR −1, 1	CAR −5, 5	CAR −10, 10	CAR −15, 15	CAR −20, 20	CAR −30, 30
文化距离	−0.009 92	−0.054***	−0.068 8***	−0.075 6***	−0.068 8**	−0.05
	(−0.87)	(−3.05)	(−3.11)	(−3.06)	(−2.43)	(−1.25)

续 表

目标公司是否在发达国家	0.035 1	0.125**	0.134**	0.224***	0.180**	0.195*
	(1.09)	(2.49)	(2.15)	(3.21)	(2.26)	(1.73)
并购公司是否为国有企业	0.006 75	0.013 5	0.010 6	0.034 7	0.081 7*	0.082 9
	(0.41)	(0.53)	(0.33)	(0.96)	(1.98)	(1.42)
是否同行业并购	−0.000 27	−0.041 5*	−0.019 4	−0.015 3	−0.002 47	0.056 9
	(−0.02)	(−1.72)	(−0.64)	(−0.45)	(−0.06)	(1.04)
是否绝对控股并购	0.051***	0.036 2	0.062 1*	0.119***	0.159***	0.232***
	(3.17)	(1.44)	(1.98)	(3.39)	(3.94)	(4.07)
是否以现金形式支付	0.012 7	−0.021 8	−0.002 02	0.054 6*	0.098 2**	0.118**
	(0.85)	(−0.94)	(−0.07)	(1.69)	(2.65)	(2.25)
是否有跨境并购经验	0.001 52	0.006 11	−0.043 7	−0.061 2*	−0.096 7**	−0.110**
	(0.1)	(0.27)	(−1.53)	(−1.92)	(−2.64)	(−2.12)
管理层代理动机	−0.009 87	0.001 97	−0.023 6	−0.038 3**	−0.053 7**	−0.031 4
	(−1.22)	(0.16)	(−1.50)	(−2.18)	(−2.67)	(−1.10)
常数项	−0.025 4	0.073 6	0.104	−0.025 7	−0.035 8	−0.228*
	(−0.75)	(1.4)	(1.59)	(−0.35)	(−0.43)	(−1.92)
N	50	50	50	50	50	50
R^2	0.246 5	0.243 6	0.271 5	0.433 7	0.474 1	0.402 0
Adjust R^2	0.099 5	0.096 0	0.129 3	0.323 2	0.371 5	0.285 4
F 值	1.68	1.65	1.91	3.92	4.62	3.45

注释：括号内为 t 值，*、**、*** 分别代表在 10%、5%和 1%水平上显著。

2. t 检验结果

由于回归样本数量有限，本书采用均值 t 检验的方法，对中国企业跨境并购公告短期超额收益率的影响因素在发达国家与非发达国家子样本中进行比较，以增强结果的稳健性。本书对并购公告日前后 1 天、5 天、10 天、15 天、20 天、30 天的累计超额收益率分别进行了考察，主要对比因素包括并购公司是否为国有企业、是否同行业并购、是否绝对控股并购、是否以现金形式支付以及是否有跨境并购经验，表 4-10 列示了检验结果，其中，均值 1 表示对应变量值取 1 时累计超额收益率的均值，均值 0 表示对应变量值取 0 时累计超额收益率的均值。

表 4-10　中国企业跨境并购短期绩效子样本 t 检验结果

样本类型	目标公司在发达国家				目标公司在非发达国家			
统计量	均值 1	均值 0	差值	p 值	均值 1	均值 0	差值	p 值
变量	CAR −1,1							
并购公司是否为国有企业	0.013 4	0.017 7	0.00	0.72	0.003 9	0.008 6	0.00	0.64
是否同行业并购	0.015 3	0.016 0	0.00	0.96	0.008 3	0.002 2	0.01	0.54
是否绝对控股并购	0.025 5	−0.004 4	0.03**	0.02	0.007 3	0.002 0	0.01	0.63
是否以现金形式支付	0.012 5	0.017 4	0.00	0.70	0.006 6	0.005 4	0.00	0.91
是否有跨境并购经验	0.010 0	0.018 9	−0.01	0.48	0.005 9	0.005 7	0.00	0.98
变量	CAR −5,5							
是否绝对控股并购	0.024 9	0.011 5	0.01	0.55	0.012 1	0.024 1	−0.01	0.56
变量	CAR −10,10							
是否绝对控股并购	0.025 6	0.000 2	0.03	0.36	0.017 0	0.017 1	0.00	1.00
变量	CAR −15,15							
是否绝对控股并购	0.037 3	−0.031 1	0.07**	0.03	0.006 1	−0.026 2	0.03	0.47
变量	CAR −20,20							
是否绝对控股并购	0.060 8	−0.047 9	0.11***	0.01	0.017 7	−0.018 2	0.04	0.63
变量	CAR −30,30							
是否绝对控股并购	0.064 8	−0.079 9	0.14***	0.00	0.011 0	−0.049 8	0.06	0.43

注释：*、**、*** 分别代表在 10%、5%和 1%水平上显著。

（三）研究分析

表 4-9 列示了假设 H7 到假设 H12 的回归结果，表 4-10 列示了假设 H9a 到假设 H12a 的 t 检验结果，下面依次予以分析。

(1) 假设 H7 获得研究结果支持。

假设 H7：中国企业跨境并购，选择文化距离大的国家的目标公司较之选择文化距离小的国家的目标公司，短期绩效更差。

该自变量对应的解释系数为−0.068 8，并且在 1%的水平上显著。这说明，在全部样本中，本书的研究结果为，中国企业跨境并购，国家间文化距离对并购的短期绩效影响显著；文化距离大，并购短期绩效差。

如前分析，国家与国家间的文化距离，对跨境并购产生明显的影响；由于文化因素的特点，虽然对并购成败的影响不显著，但对并购绩效有较大影响。本书假设 H7 获得研究结果支持，也与其他学者的研究结论一致，如文化距离大，会导致并购收益低；选择文化距离小的东道国，跨境并购的绩效也越好(Kenneth R. Ahern，2012；阎大颖，2009)。

(2) 假设 H8 未获研究结果支持。

假设 H8：中国企业跨境并购，选择发达国家的目标公司较之选择非发达国家的目标公司，短期绩效更差。

该自变量对应的解释系数为 0.134，并且在 5%的水平上显著。这说明，在全部样本中，中国企业跨境并购的目标公司是否在发达国家，对并购短期绩效的影响显著为正。这与本书假设结果相反，假设 H8 未获研究结果支持。

如前所述，邓宁的国际生产折衷理论对中国企业跨境并购等对外直接投资有一定的解释力，中国企业不具备“O+I+L”优势；同时，根据邓宁的投资发展阶段理论，中国人均 GNP 已达到一定水平，为中国企业跨境并购等对外直接投资创造了一定的条件。根据前述文献已有学者的研究，观点各不相同，有学者认为，东道国管制制度越严苛，中国企业跨境并购后的绩效越差(阎大颖，2009)；有学者认为，部分发展中国家给中国投资者的投资环境较为宽松，然而中国投资取得的效果较差(Shrio Armstrong，2011)。本书提出假设 H8 主要是基于中国企业并购发达国家企业不具备“O+I+L”优势，并且中国与以经合组织为代表的发达国家在商业准则甚至价值观等诸多方面明显不同，并购后的整合难度更大。因此，本书认为，并购发达国家的目标公司短期绩效更好可能是市场和投资者情绪所致，即资本市场对于跨境并购发达国家企业过度乐观。当然，确切得出该结论需要结合长期绩效分析。如果中国企业跨境并购在发达国家的长期绩效更好，则说明资本市场预期是正确的；如果中国企业跨境并购在发达国家的长期绩效更差，则支持了本书观点。

(3) 假设 H9、假设 H9a 未获研究结果支持。

假设 H9：中国企业跨境并购，国有企业较之非国有企业，短期绩效更差。

该自变量对应的解释系数为 0.010 6,t 值为 0.33,不显著。这说明,在全部样本中,中国企业跨境并购,并购公司是否为国有企业,对并购短期绩效没有显著影响。

有趣的对比是,根据前述文献已有学者的研究,谈及并购成败时,似乎多数学者认为,国有企业是负面影响因素(马建威,2011;阎大颖,2011;张建红,2010;张传民,2012;何帆,2013;Min Ye, 2013);但谈及并购绩效时,似乎多数学者认为,国有企业是正面影响因素(陆瑶等,2011;马建威,2011;邵新建等,2012;钱婷等,2011),当然,也有学者认为,私有的并购企业比国有的并购企业的绩效更佳,政府控制的上市公司价值更低(顾露露和 Robert Reed, 2011;夏立军和方铁强,2005)。本书认为,对中国企业跨境并购而言,根据中国式跨境并购的浪潮、动因、风险对其成败和绩效的背景和基础性负面影响,至少在并购成败(并购能否顺利完成)和并购短期绩效(并购宣布的股票评价)上,两者应该同一。因此,出现与本书假设不一致的原因可能是资本市场对于国有企业跨境并购的风险预估不足所致。当然,确切得出该结论需要结合长期绩效分析。如果国有企业进行跨境并购后,并购长期绩效变好或者没有显著变化,则说明资本市场预期是正确的;如果国有企业进行跨境并购的长期绩效变差,则支持了本书观点。

假设 H9a:中国企业跨境并购,国有企业较之非国有企业,选择发达国家的目标公司比选择非发达国家的目标公司,短期绩效更差。

从表 4-10 的 t 检验结果可以看出,无论目标公司在发达国家还是非发达国家,国有企业并购较之非国有企业并购,在事件区间的平均累计超额收益率没有显著差异。这说明,国有企业跨境并购较之非国有企业,无论在发达国家还是非发达国家,对短期绩效均没有显著影响。假设 H9a 未获研究结果支持。该假设未获支持,可能与上述分别分析的两个因素有关,即可能是资本市场对于国有企业跨境并购风险预估不足所致;可能是市场和投资者情绪所致,资本市场对于跨境并购发达国家企业过度乐观。

(4) 假设 H10、H10a 未获研究结果支持。

假设 H10:中国企业跨境并购,选择同行业的目标公司较之选择非同行业的目标公司,短期绩效更好。

该自变量对应的解释系数为－0.019 4，t 值为－0.64，不显著。这说明，在全部样本中，本书的研究结果为，中国企业跨境并购，是否同行业并购对并购的短期绩效影响不显著。假设 H10 未获研究结果支持。根据前述文献已有学者的研究，有学者认为，横向并购的绩效明显优于另外两种（方芳和闫晓彤，2002）；有学者认为，不同并购形态的并购绩效，取决于不同的行业发展阶段（范从来和袁静，2002）；也有学者认为，横向并购短期看绩效一般，长期看绩效稳定上升（冯根福和吴林江，2001）。本书假设未得到支持的原因可能是由于缺乏必要的控制变量，如行业发展阶段，也可能是资本市场预期不足。

假设 H10a：中国企业跨境并购，同行业并购较之非同行业并购，选择非发达国家的目标公司比选择发达国家的目标公司，短期绩效更好。

表 4-10 的 t 检验结果可以看出，无论目标公司在发达国家还是非发达国家，同行业并购较之非同行业并购，在事件区间的平均累计超额收益率没有显著差异。这说明，同行业并购与非同行业并购，无论在发达国家还是非发达国家，对短期绩效均没有显著影响。该假设未获支持，可能与上述分别分析的两个因素有关，即可能是市场和投资者情绪所致，资本市场对于跨境并购发达国家企业过度乐观；可能是由于缺乏必要的控制变量，如行业发展阶段等。

（5）假设 H11、H11a 获得研究结果支持。

假设 H11：中国企业跨境并购，绝对控股并购较之非绝对控股并购，短期绩效更好。

该自变量对应的解释系数为 0.062 1，并且在 10％的水平上显著。这说明，在全部样本中，本书的研究结果为，中国企业跨境并购采用绝对控股方式，对并购短期绩效产生显著正效应。前述文献已有学者的研究认为，当并购公司获得了目标公司的控制权时，也获得了显著为正的累计超额收益（陆瑶等，2011），与本书研究结果一致。

假设 H11a：中国企业跨境并购，绝对控股并购较之非绝对控股并购，选择发达国家的目标公司较之选择非发达国家的目标公司，短期绩效更好。

从表 4-10 t 检验结果可以看出，当目标公司在发达国家，绝对控股并购较之非绝对控股并购，在并购公告前后 1 天、15 天、20 天以及 30 天均取得更高的平均累计超额收益;当目标公司在非发达国家,绝对控股并购较之非绝对控股并购,在所有事件区间的平均累计超额收益均没有显著差异。这说明,绝对控股并购较之非绝对控股并购,在发达国家对短期绩效有显著正效应;在非发达国家对并购短期绩效的影响不显著。

(6) 假设 H12、H12a 未获研究结果支持。

假设 H12:中国企业跨境并购,现金支付较之非现金支付,短期绩效更差。

该自变量对应的解释系数以及显著性随着事件区间的变化而变化,回归结果并不稳键。当事件区间为并购公告日前后 10 天时,该系数为 −0.002 02,t 值为 −0.07,不显著;当事件区间为并购公告日前后 15 天、20 天和 30 天时,该系数显著为正。总之,本书假设未获得支持。

根据前述文献已有学者的研究,有学者认为,现金支付的并购比股权交换的并购,创造更多的价值(Sudi Sudarsanam, 2013);也有学者认为,公司治理好的企业更倾向于以股票并购目标公司(Laura T. Starke 和 Kelsey D. Wei, 2013)。本书认为,现金支付虽利于并购成功,但易对企业造成债务压力,并且会降低管理层的激励,因此并不利于并购整合。本书假设未得到支持的原因可能是由于样本量较小导致回归结果不够稳健,也可能说明资本市场预期不足。

假设 H12a:中国企业跨境并购,现金支付较之非现金支付,选择发达国家的目标公司比选择非发达国家的目标公司,短期绩效更差。

从表 4-10 的 t 检验结果可以看出,无论目标公司在发达国家还是非发达国家,现金支付较之非现金支付,在事件区间的平均累计超额收益率没有显著差异。这说明,现金支付与非现金支付,无论在发达国家还是非发达国家,对短期绩效均没有显著影响。该假设未获支持,可能与上述分别分析的两个因素有关,即可能是市场和投资者情绪所致,资本市场对于跨境并购发达国家企业过度乐观;可能是样本量较少所致。

三、关于中国企业跨境并购的长期绩效

(一) 并购前一年到并购后三年的长期绩效变化趋势

图 4-2 到图 4-6 展示了本书样本中的并购企业,从并购前一年到并购

后三年，净资产收益率（ROE）、总资产收益率（ROA）、资产负债率、营业收入同比增长率以及营业利润同比增长率五项业绩指标的变化趋势。可以看出，从并购前一年到并购后三年，净资产收益率、总资产收益率、资产负债率、营业收入同比增长率以及营业利润同比增长率均有变差趋势。

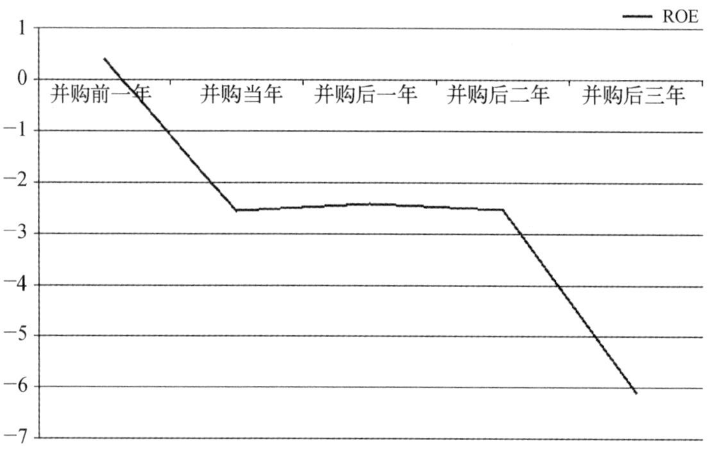

图 4-2 中国企业跨境并购长期绩效的 ROE 指标

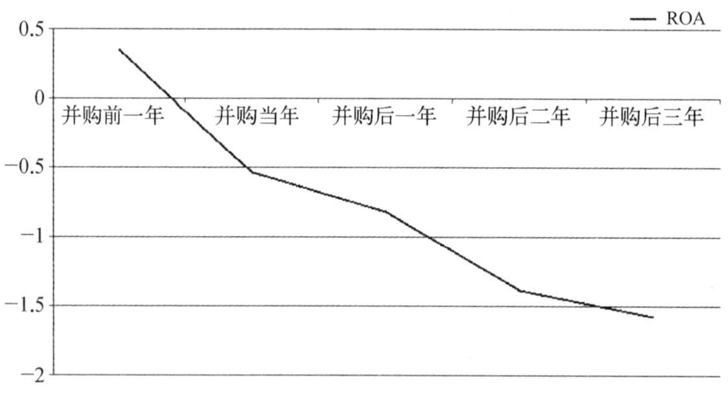

图 4-3 中国企业跨境并购长期绩效的 ROA 指标

净资产收益率是衡量上市公司盈利能力的重要指标，ROE 越高，说明企业所有者权益的获利能力越强。总资产收益率是衡量上市公司盈利能力的另一个重要指标，ROA 越高，说明企业资产的获利能力越强。ROE、ROA 均是衡量会计综合业绩的常用指标。考察中国企业跨境并购，并购前

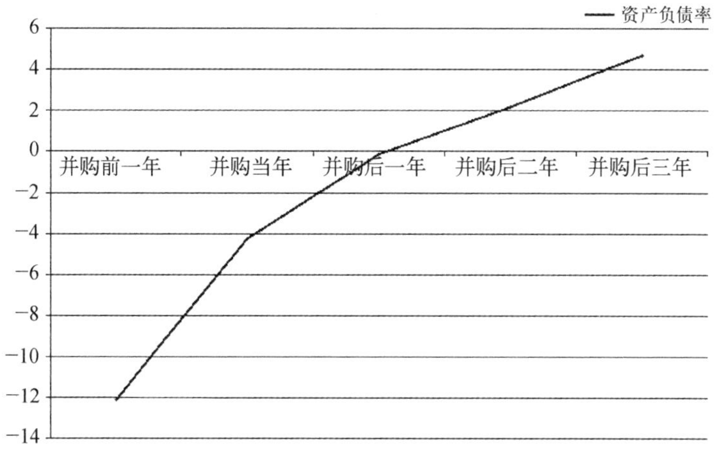

图 4-4　中国企业跨境并购长期绩效的资产负债率指标

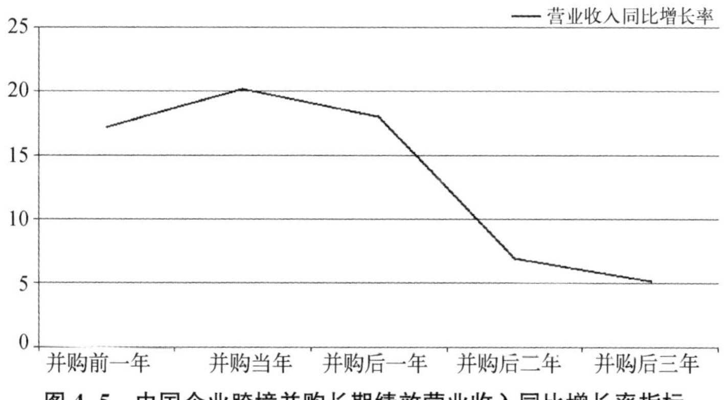

图 4-5　中国企业跨境并购长期绩效营业收入同比增长率指标

一年，并购企业的 ROE、ROA 指标均分别高于行业平均约 0.39%和约 0.35%，并购当年有显著下降，到并购后三年进一步下降为低于行业平均的约 6.08%和约 1.57%，说明中国企业跨境并购不仅没有形成协同效应，反而拖累了企业业绩。

资产负债率(企业负债除以企业总资产)衡量企业长期负债情况，资产负债率越高，说明企业的负债压力越大。考察中国企业跨境并购，从并购前一年到并购后三年，企业资产负债率相对于行业均值呈不断上升趋势，尤其是并购当年，资产负债率显著上升，说明跨境并购给企业带来了较大的债务

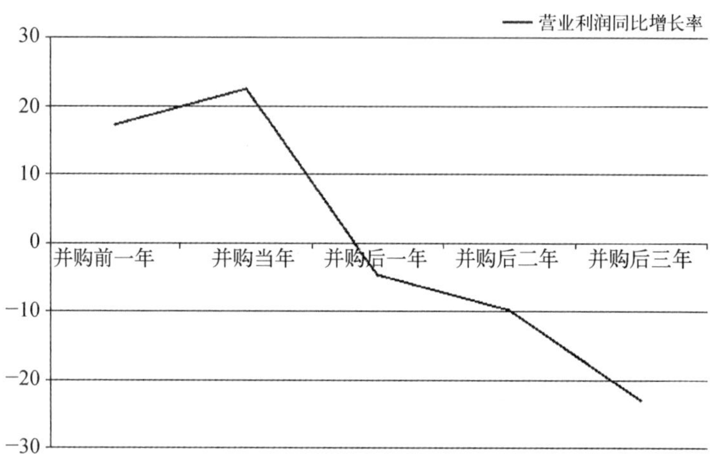

图 4-6 中国企业跨境并购长期绩效营业利润同比增长率指标

负担。

营业收入同比增长率与营业利润同比增长率，是衡量企业经营情况的重要会计指标。考察中国企业跨境并购，从并购前一年到并购后三年，其营业收入同比增长率在并购当年略微增长，此后逐年下降，但仍然高于行业均值。营业利润同比增长率在并购当年略微增长，此后逐年大幅下降，从并购前一年高于行业平均约 17.23%到并购后三年低于行业平均约 22.98%。这说明中国企业跨境并购的整合效果不佳，至少在前三年企业经营情况变差，尤其是利润率。

（二）并购当年和并购后一年到三年相对于并购前一年企业并购长期绩效的变化

本书选取净资产收益率作为企业绩效的衡量指标，进一步考察并购当年和并购后一年到三年相对于并购前一年企业并购长期绩效的变化，以及对比国有企业与非国有企业、目标公司在发达与非发达国家、资源类并购与非资源类并购长期绩效的差异。本书采用 t 检验方法进行上述比较。表 4-11 列示了检验结果。Difference1、Difference2、Difference3、Difference4 分别表示并购当年、并购后一年、并购后两年、并购后三年比并购前一年 ROE 值之差。

表 4-11　中国企业跨境并购长期绩效变化值 t 检验结果

ROE	Difference1		Difference2		Difference3		Difference4	
样本类型	均值	p 值	均值	p 值	均值	p 值	均值	p 值
全部样本	−2.691*	0.08	−2.856 1*	0.06	−1.833 7	0.18	−7.287 0**	0.03
目标公司在发达国家	−3.291 5	0.11	−1.772 7	0.21	0.741 5	0.62	−10.607**	0.05
目标公司在非发达国家	−1.528 8	0.26	−4.891 5*	0.06	−6.488 8**	0.03	−2.956 0	0.18
并购公司为国有企业	0.313 0	0.56	−1.199 3	0.34	−1.238 4	0.33	−7.019 6*	0.10
并购公司为非国有企业	−5.335**	0.04	−4.285 5**	0.02	−2.480 0	0.18	−7.586 4*	0.10
目标公司为资源类企业	3.855 3	0.79	5.874 0	0.91	7.227 3	0.89	−6.217 8	0.32
目标公司为非资源类企业	−3.934**	0.03	−4.493***	0.01	−3.441 3**	0.05	−7.505 7**	0.03

注释：*、**、*** 分别代表在 10%、5%和 1%水平上显著。

首先，从全部样本检验结果看，Difference1、Difference2、Difference3、Difference4 的均值分别约为 −2.69%，−2.86%，−1.83%、−7.29%，Difference1、Difference2 在 10%的水平上显著，Difference4 在 5%的水平上显著，Difference3 不显著。说明从整体上看，并购当年和后续年份的 ROE 值相对于并购前一年显著变差。这与前文相对于行业均值的长期绩效指标变差的结论一致。

其次，并购公司长期绩效在不同类型的并购样本中存在显著差异。当目标公司在发达国家，ROE 主要在并购后第三年显著变差，当目标公司在非发达国家，ROE 在并购后第一年、第二年显著变差，但在第三年的表现好于目标公司在发达国家的情形；当并购公司为非国有企业，ROE 在并购当年、并购后第一年、第三年显著变差，当并购公司为国有企业，虽然并购当年、并购后第一年、第二年的表现好于非国有企业，但在并购后第三年 ROE 有了相同程度的下降；当并购是资源类并购，ROE 并没有显著变差，当并购是非资源类并购，ROE 在并购当年、并购后第一年到第三年均显著变差。

（三）研究分析

本书结合企业财务指标，并根据文中数据，研究中国企业跨境并购的长期绩效。首先，考察ROE、ROA、资产负债率、营业收入同比增长率、营业利润同比增长率，从并购前一年到并购后三年相对于行业均值的变化趋势。其次，考察并购公司自身在并购当年、并购后第一年到第三年的ROE表现是否显著差于并购前一年，并在不同类型的子样本中进行比较。主要得出以下结论。

首先，无论是与行业比较还是与企业自身比较，中国企业跨境并购的长期绩效整体上均不佳并变差。本书假说H13获得支持。

其次，由于并购通常需要一个整合期，因此，并购后第三年的绩效指标更能体现并购的整合效果。从并购后第三年的情形看，并购发达国家目标公司的长期绩效显著差于并购非发达国家的目标公司，这在一定程度上支持了假设H8，也验证了前文观点，即资本市场对于中国企业跨境并购发达国家过度乐观；并购公司为国有企业与非国有企业的长期绩效均显著变差，这在一定程度上支持了假设H9，也验证了前文观点，即资本市场对于国有企业进行跨境并购的后期整合风险估计不足；另外，资源类并购的长期绩效显著好于非资源类并购，本书认为这可能是由于资源类并购的绩效会受到资源价格因素的影响，当并购获得的资源资产价格上涨时，绩效变好；当并购获得的资源资产价格下降时，绩效变差。由于市场因素难以量化，本书将在第五章以案例形式加以说明。

总之，中国企业跨境并购长期绩效的研究结果与本书的前述理论和分析相符。根据邓宁的投资发展阶段理论以及中国目前的人均GNP水平，中国企业跨境并购有一定的基础；但是，根据邓宁的国际生产折衷理论，中国企业跨境并购不具“O＋I＋L”优势和条件，尤其是中国式跨境并购的浪潮、动因、风险，即中国企业跨境并购政府导向、反向市场、资本离境的特殊动因和风险，对其成败和绩效有背景和基础性负面影响，或者说，中国式跨境并购的特点，加大或放大了中国企业跨境并购的特有风险和负面影响因素。

第三节　主要发现以及实践启示

一、主要发现

本书的主要发现在于，关于中国企业跨境并购，对比分析并购影响因素对于成败和绩效、在发达国家和非发达国家的相同或不同。

（一）关于文化距离

本书研究结果为：文化距离对并购成败影响不显著；对并购短期绩效的负面影响显著。

本书前述理论、文献和并购实践都说明，文化影响并购；尤其是跨境并购中，文化影响甚为关键。但是，并购中的起因是经济，是企业经营和发展。因此，企业层面和交易层面的影响因素，对并购成败的影响更大。本书的研究结果说明，并购公司是否为国有企业、是否同行业并购、是否以现金形式支付等企业层面和交易层面的因素，显著影响中国企业跨境并购成败。文化的影响力则具有潜在性、长期性，当然，也具有关键性。所以，本书认为，文化影响跨境并购，主要是影响跨境并购绩效。

（二）关于目标公司是否在发达国家

本书研究结果为：目标公司是否在发达国家，对并购成败影响不显著；对并购短期绩效的影响显著为正。

本书主要根据邓宁的国际生产折衷理论，对比中国较之发达国家不具有“O+I+L”优势，进而提出关于并购成败和并购短期绩效的假设，但未获研究结果支持。主要原因应该在于，中国企业在发达国家和非发达国家并购，比较国家与国家间的异同，不仅关乎中国与发达国家、中国与非发达国家，更关乎中国并购的目标公司或在发达国家，或在非发达国家，该发达国家与该非发达国家的比较。发达国家政局稳定，法律完备，市场规范；非发达国家政局不稳，法律欠缺，市场混乱。虽然中国较发达国家不具“O+I+L”优势，但中国并购的目标公司所在为发达国家或非发达国家的对比研究，却发现中国企业跨境并购，在发达国家，成败未必更难，短期绩效未必更差；

在非发达国家，成败未必更易，短期绩效未必更好。所以，本书根据研究结果认为，发达国家并不是中国企业跨境并购的当然负面影响因素。至于目标公司是否在发达国家，对并购短期绩效的影响显著为正。本书认为可能是由于资本市场对于中国企业跨境并购发达国家企业过度乐观所致。因为从并购长期绩效的趋势看，并购发达国家的目标公司并没有比并购非发达国家的目标公司取得更好的长期收益。

（三）关于并购公司是否为国有企业

本书研究结果为：并购公司为国有企业，对并购成败有显著的负面效应，且主要体现在发达国家；对并购短期绩效的影响不显著。

并购是企业行为，由法律规范，受市场调节。企业在市场竞争中才能发展和壮大。中国国有企业亦官亦商，处于垄断地位，其性质与市场经济相违。中国国有企业在国内可获得保护性发展；在跨境并购中，失去诸多保护性条件，特有缺陷尽显，表现难佳。因此，国有企业较之非国有企业，跨境并购应该更难成功，绩效应该更差。至于并购公司是否为国有企业，对并购短期绩效的影响不显著。本书认为可能是由于资本市场对于国有企业跨境并购风险估计不足所致。因为从并购长期绩效的趋势看，国有企业跨境并购与非国有企业跨境并购均取得较差的收益。前文已述，发达国家相较于非发达国家，法律更完备，市场更规范，因此，对与市场经济相违的亦官亦商的中国国有企业会更多抵触，甚至强烈抵触。所以，国有企业是跨境并购的负面影响因素，主要体现为国有企业在发达国家进行跨境并购。

（四）关于是否同行业并购

本书研究结果为：同行业并购对并购成败的正面影响显著，且主要体现在非发达国家；对并购短期绩效的影响不显著。

（五）关于是否绝对控股并购

本书研究结果为：是否绝对控股并购，对并购成败整体上影响不显著，但对于并购非发达国家的目标公司有显著负面影响；对并购短期绩效有显著的正效应，且主要体现在发达国家进行并购。

（六）关于是否以现金形式支付

本书研究结果为：是否以现金形式支付，对并购成败的正面影响显著，且主要体现在发达国家进行并购;对并购短期绩效,影响不显著。

(七) 关于控制变量

本书根据文献综述和并购实践,确定的控制变量为目标公司是否为资源类企业、是否有跨境并购经验、目标公司是否为非上市公司以及管理层代理动机。这些都是企业层面的因素。

从研究结果看,最明显的影响因素是目标公司是否为非上市公司,其对并购成败有显著影响。中国企业跨境并购的目标公司为非上市公司更易成功。相较于上市公司主要作为公众公司,非上市公司主要作为私人公司,中国企业境外并购非上市公司,其交易受公众因素的影响更小,更易成功,发达国家和非发达国家,概莫能外。其实,中国国有企业跨境并购不易成功,与中国企业跨境并购境外非上市公司更易成功,是相对应的,可以从同一个角度共同解释,即并购行为越公众化、越政治化,越难成功;越非公众化、非政治化,越易成功。

(八) 关于长期绩效

由于受到数据限制,本书仅对中国企业跨境并购长期绩效进行定性分析。从整体上看,至少在并购后三年内,中国企业并没有取得显著为正的长期绩效。无论与同行业比较还是与并购前一年比较,均有显著变差的趋势,特别是当目标公司在发达国家以及非资源类并购时。无论并购企业是否国有企业,并购长期绩效均变差。

二、对中国企业跨境并购实践的启示

上述中国企业跨境并购的研究结论,可为中国企业跨境并购实践提供借鉴和参考:某一并购影响因素,可能利于成功,但不利于绩效;或反之,利于绩效,但不利于成功。企业跨境并购,需全面、详细、完整、综合权衡。发达国家不是问题,国有企业是问题,国企在发达国家跨境并购更是问题,至少在中国企业跨境并购成败问题上,本书结论如此。同行业并购,绝对控股并购,以现金形式支付,都不是绝对的有利或不利的跨境并购成败和绩效影响因素,可能因在发达国家、非发达国家,或因其他而影响不同,甚至作用相反。对境外非上市公司,中国企业跨境并购应予关注。中国企业跨境并购的长期绩效整体不佳并变差,企业应慎重出境,更应出境慎行。

第五章　中国国有企业跨境并购铁矿石资源案例成败和绩效

本章将选取两个较有代表性的跨境并购案例进行分析，在此之前，先对案例中涉及的背景市场作简单介绍。

1. 国际铁矿石市场价格

由图 5-1 可见，中国铁矿石市场到岸均价在 2000—2003 年处于低位；2004 年及以后逐年上扬，在 2008 年全球金融危机期间出现波动。

图 5-1　2000—2012 年中国进口铁矿石到岸均价[①]

① 根据我的钢铁网（http://www.mysteel.com/）及中国海关公布的相关数据整理。

2. 中国铁矿石进口量

由图 5-2 可见，中国铁矿石进口量在 1995—2003 年处于相对低位；2004 年及以后逐年上扬，2008 年全球金融危机期间未见明显波动。

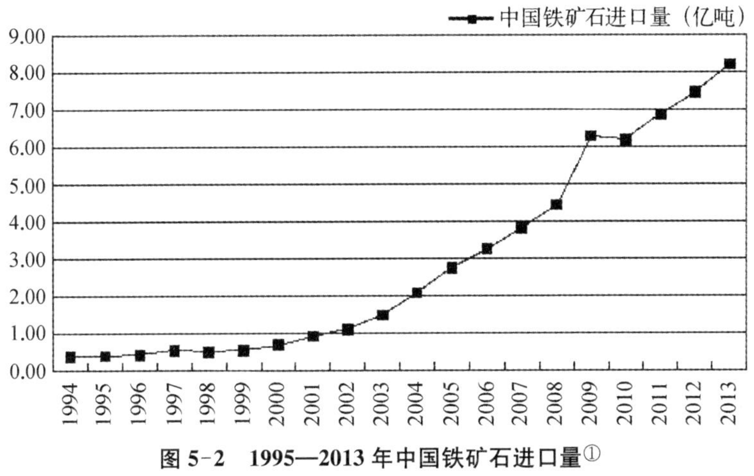

图 5-2　1995—2013 年中国铁矿石进口量①

3. 国际铁矿石市场三大巨头和国际铁矿石市场价格

国际铁矿石市场的三大巨头，是巴西的淡水河谷、澳大利亚的必和必拓以及澳大利亚的力拓。国际铁矿石市场三大巨头影响和决定国际铁矿石市场价格。

第一节　中铝集团并购力拓②

一、并购公司及相关公司简介

1. 并购公司简介

中铝集团是中央直接管理的国有企业，即中国央企。中铝是中国最大

① 根据我的钢铁网（http://www.mysteel.com/）、中国行业研究网（http://www.chinairn.com/）等公布数据整理。

② 本节内容根据公开信息整理的，未再一一注明出处；引用其他文献的，则逐一注明出处。

的氧化铝生产商，是中国有色金属行业龙头企业。中铝控股的中国铝业股份有限公司——中铝股份分别在纽约、香港、上海三地上市。

2. 目标公司简介

力拓是国际铁矿石市场三大巨头之一。力拓采用双公司结构，分别有力拓英国和力拓澳大利亚的公司实体。力拓业务遍布全球，但因其业务和资产的集中地首推澳大利亚，故业界称其为澳大利亚的力拓公司。

3. 相关公司简介

必和必拓公司也是国际铁矿石市场三大巨头之一。必和必拓股票也采取双上市公司结构，分别在英国和澳大利亚上市，当然也在他地上市。必和必拓的业务同样遍及全球，也因其业务和资产集中地，通常被称为澳大利亚的必和必拓公司。

二、背景和动因

1. 力拓负债是并购起源

2007 年 7 月，力拓现金收购加拿大铝业公司，总价值近 400 亿美元，为此负债。

2. 必和必拓并购力拓是矛盾焦点

2007 年 11 月，必和必拓向力拓建议，两家公司换股合并。如果必和必拓并购力拓成功，将控制全球三分之一以上的铁矿石市场①。

3. 中国的铁矿石进口是问题所在

2007 年，中国当时已是全球最大的铁矿石进口国；2007 年，中国铁矿石对外依存度已超过 50%②。如果国际铁矿石市场由三大巨头合并而为两大巨头，在上述背景和铁矿石市场价格已连续多年大幅上扬的情形下，中国铁矿石市场和中国钢铁企业的困境和艰难更会加剧。

4. 中国企业跨境并购的政府导向动因

为此，国家发展和改革委员会曾几次召集中铝、宝钢集团、神华集团和国

① 李俊杰.中国企业跨境并购[M].北京：机械工业出版社，2013：21.

② 同上书：23.

家开发银行等，紧急会议，共商对策。中铝被选定，阻止必和必拓并购力拓[①]。

5. 中铝第一阶段并购力拓成功

2008 年 2 月，在国家开发银行的资金支持下，中铝在英国伦敦股票市场以该市场“拂晓突袭”的方式，经五个小时操作，以超过 140 亿美元的价格，并购了力拓英国股权的 12%，相当于中铝持股力拓集团约 9.3%。

6. 中铝第一阶段并购力拓成功的影响

中铝此时的并购为第一阶段并购力拓，直接抬升了力拓的股价，由此影响了必和必拓并购力拓。必和必拓并购力拓，在此后的 9 个月内，在相关各国政府的审批问题上，在力拓的态度上，几经周折。期间，全球金融危机影响加剧，国际铁矿石市场价格跌落。2008 年 11 月，必和必拓根据经济形势和各国审批情况，以有违股东利益最大化为理由，宣布放弃并购力拓。

7. 力拓的债务问题和中铝的并购机遇

必和必拓放弃并购力拓后，力拓并购加铝的巨额债务问题再次凸显；且在全球金融危机的背景下，力拓压力倍增，难以脱困。为此，力拓更加主动地关注需要资源且资金雄厚的中国企业，尤其是已持股力拓英国 12%的中铝；中铝则借此良机，开始了为人熟知和热议的第二阶段并购力拓。

三、过程和问题

1. 中铝并购力拓第二阶段并购合同成功签署

2009 年 2 月，中铝和力拓签署战略合作协议，中铝将向力拓投资 195 亿美元，购买力拓股权和资产。如果协议得以执行并完成，中铝持股力拓集团将由原来的约 9.3%增至约 18%，并将购买而拥有力拓的优质资产。

2. 关于中铝的并购资金来源

此时，仍在全球金融危机背景下。中铝第一阶段并购力拓虽然成功，但由于全球金融危机等影响，此时已浮亏约 100 亿美元。中铝 2008 年盈利约为 20 亿元人民币，仅为 2007 年十分之一[②]。中铝旗下纽约、香港、上海三地

---

① Peter Drysdale.新解中国在澳大利亚投资[M].党韦华，译.见：黄益平，何帆，张永生.中国对外直接投资研究.北京：北京大学出版社，2013. 307.

② 杨春桃.中国企业海外并购及东道国法律规制典型案例分析[M].北京：首都经济贸易大学出版社，2014：58.

上市的中铝股份，2007 年每股平均盈利折合人民币 0.84 元，2008 年折合人民币 0.000 68 元[①]。在此情况下，国家开发银行继续支持中铝，牵头其他银行，为中铝贷款 210 亿美元。

3. 关于澳大利亚的 FIRB

FIRB 是澳大利亚外商投资审查委员会。中铝并购力拓，由其代表澳大利亚政府审批。澳大利亚政府对跨境并购等对外直接投资的态度是，只要是合法的私人投资，一概欢迎；但对来自其他国家控制或受其他国家影响的公司的投资，则持保留态度[②]。

4. 关于作为中国国有企业的中铝

中铝第一阶段并购力拓，绕开了 FIRB，招致其不认同、不满意[③]。中铝第二阶段并购力拓，其战略合作协议签署 5 天后，中铝领导转任中华人民共和国国务院办公厅领导。由于中铝是中国国有企业，其并购力拓在澳大利亚广受质疑和反对，认为其直接代表了中国政府。

5. 关于并购合同约定的 1%终止费

中铝和力拓战略合作协议约定，支付 1%终止费，即 1.95 亿美元，力拓则可不履行合同，并不再承担其他合同违约责任。

6. 力拓终止并购合同

2009 年 5 月，在澳大利亚国内的巨大压力下，FIRB 宣布，对中铝并购力拓的审查由原定 30 天延至 120 天。在此期间和阶段内，全球金融危机对世界经济的重创开始转变，形势趋好，国际铁矿石市场价格上扬，力拓已经可以取得其他条件更优的融资方案等，其走过了资金压力的最艰难阶段。2009 年 6 月，力拓宣布不再履行与中铝的并购合同，并按并购合同约定，向中铝支付了 1.95 亿美元终止费。

四、中铝并购力拓成败和绩效及相关分析

1. 关于市场机遇和战略机遇

市场机遇和战略机遇随时会有，但往往也稍纵即逝。力拓并购加拿大

① 李俊杰.中国企业跨境并购[M].北京：机械工业出版社，2013：33.

② 杨春桃.中国企业海外并购及东道国法律规制典型案例分析[M].北京：首都经济贸易大学出版社，2014：101.

③ 同①：25.

铝业，致其陷入债务困境，为中铝并购力拓提供了市场机遇和战略机遇。中铝在并购力拓的过程中，对市场机遇和战略机遇的把握也相当精准。而之后的发展同样是由于市场因素，国际铁矿石市场的价格上扬使力拓债务困境得以缓解，并可以找到其他更优的融资方式。这也是导致中铝第二阶段并购力拓失败的原因之一。

2. 关于国有企业跨境并购

中铝并购力拓，在澳大利亚国内受到普遍和强烈的反对，关键原因就是其国有企业的身份。从澳大利亚反对者角度讲，其困惑和质疑的是，究竟是一个企业在并购力拓？还是一个国家在并购力拓？因此，中铝是中国国有企业构成其此次并购力拓的关键障碍，也是其第二阶段并购力拓失败的主要原因之一。

3. 关于法律操作风险

中铝的法律操作，如1%的并购合同终止费等，存在争议。至少，在力拓陷入债务困境时签订并购合同，中铝对合同条款的把握可以更具优势。但1%并购合同终止费的约定，使力拓在市场变化时得以轻松解约。

4. 关于并购成败和短期绩效

中铝并购力拓第一阶段并购成功，但在金融危机的背景下，投资约140亿美元，浮亏约100亿美元；第二阶段并购失败，因其为中国国有企业，招致澳大利亚国内的普遍反对。

5. 关于政府导向和银行支持

中国企业跨境并购，尤其是国有企业跨境并购，有政府导向动因，此例可证。中国企业跨境并购中的“国家、国企、资源”关键词（包括反向市场动因）在本案例中处处可见。中国企业跨境并购的成败和绩效是由市场秩序决定的，而不是由政府秩序决定的。政府导向可能适得其反。国家开发银行是中国的政策性银行，其对中铝两个阶段并购力拓的贷款有政策性。对此，可以从上述中铝当时的财务数据中得出结论。

6. 中铝并购力拓并购成败和绩效与短期市场因素

从国际铁矿石市场角度讲，短期看，市场中有机遇，市场机遇也会稍纵即逝；市场变动，短期上可能演变为市场异动，中铝第一阶段并购力拓，约100亿美元浮亏，是市场突变所致；力拓终止并购合同，与中铝是国有企业引来澳大利亚国内的强烈反对有关，也与短期市场变化有关。所以，从短期看，市场因素对中国企业跨境并购成败和绩效有显著的影响作用或调节作用。

第二节　首钢并购秘鲁铁矿和出让秘鲁铁矿①

一、并购公司及相关公司简介

1. 目标公司简介

首钢总公司是北京市所属的国有企业，是钢铁行业企业。首钢持股98%以上的秘鲁铁矿由三家公司组成，分别是首钢秘鲁铁矿股份有限公司、首钢秘鲁电力股份有限公司和阿格纳夫企业集团股份有限公司。其中，秘铁是秘鲁上市公司，主要从事铁矿石业务；秘电是秘鲁上市公司，主要为秘铁供电；阿格纳夫是秘鲁非上市公司，主要从事港口服务等业务。

2. 并购公司简介

荣丰国际投资有限公司运营于香港地区，注册于英属维尔京群岛。荣丰投资隶属香港荣丰集团；香港荣丰集团从事铁矿石国际贸易和国际船务等业务。

二、历史和过程

1. 秘鲁铁矿历史简述

20世纪50年代，美国资本对秘鲁铁矿跨境创建投资。20世纪70年代，秘鲁军政府对秘铁铁矿实施国有化征收。在此后的秘鲁铁矿国有化经营期间，企业陷入困境。20世纪90年代初，秘鲁铁矿在困境中更加陷入危机，如果不重组，将无以生存。

2. 并购市场机遇和战略机遇

1992年，秘鲁颁布国家法令，宣布秘鲁铁矿危机，并成立秘鲁铁矿私有化专门委员会，要求最多四个月内，必须选择秘鲁铁矿并购公司。秘鲁铁矿

① 本章内容，根据秘鲁证监会网站上市公司信息和其他公开信息整理，秘鲁证监会网址http://www.smv.gob.pe/；其他公开信息，未再一一注明出处。

私有化专门委员会确定了秘鲁铁矿的基价为 2 200 万美元，这是并购的底价。此时的秘鲁铁矿第一次出让，采用招投标方式，中国的首钢总公司参与竞标，且并购成功。

3. 并购报价对比

1992 年 10 月，竞标结果前，只剩两家投标人，太平洋矿业公司和首钢总公司。两家公司都是现金出价。太平洋矿业出价 0.841 亿美元，包括并购合同付款 0.241 亿美元，承诺投资 0.6 亿美元，并拒绝承担秘鲁铁矿债务；首钢出价 3.118 亿美元，包括合同付款 1.2 亿美元，承诺投资 1.5 亿美元，以及承担秘鲁铁矿债务等。

4. 秘鲁铁矿第一次出让的并购合同签署和违约

1992 年 12 月，首钢并购秘鲁铁矿，并购合同签署；同期，交易手续完成；秘鲁铁矿从此改为首钢秘鲁铁矿。首钢并购秘鲁铁矿后，违反并购合同约定的 1.5 亿美元投资承诺；该并购合同约定因于 1996 年 8 月修改，但首钢对修改后的并购合同，即修改后的投资承诺，再次违约；至 2000 年 3 月，首钢因没有能够完全履行并购合同的投资承诺条款，向秘鲁政府缴纳了罚金。

5. 秘鲁铁矿在首钢经营中存在的问题

2006—2007 年，为跟进首钢并购秘鲁铁矿的后续事宜，秘鲁国会的能源矿产委员会专门设立工作组，该工作组的最后调查报告向秘鲁总统和秘鲁内阁提交的结论和建议有：秘鲁铁矿私有化过程，没有完全尊重相关法律；企业管理不善，设备不能更新，劳资纠纷多发，使矿山所在地陷入混乱；没有执行环保计划，存在环境问题；该企业没有遵守相关法律，必须为此承担责任。其实，首钢并购秘鲁铁矿后，最初十余年，一直处于艰难困境。中国和秘鲁两个国家，政治情况不同，法律规定有异，文化差别明显。首钢秘鲁铁矿绩效不佳，财务经常危机，劳资纠纷不断。在秘鲁的公开信息中，时有首钢秘鲁铁矿工人罢工的情况，罢工甚至长时间持续，在工人罢工和示威中，也曾出现“中国人滚出去”的口号和标语。因此，首钢总公司从 1998 年开始拟出让首钢秘鲁铁矿的部分股权，以寻求合作者共担跨境并购后海外经营的巨大风险。但由于国际铁矿石市场长期低迷，从国外到国内，六年时间，一直没有找到买家。

6. 秘鲁铁矿第二次出让

2004 年，秘鲁铁矿第二次出让，终于寻来商机。首钢采用要约邀请方式，有三家公司据此向首钢发出要约。首钢对荣丰的要约作出承诺，双方签署了并购合同，并购合同约定适用中国法律。根据并购合同，首钢向荣丰出让所持首钢秘鲁铁矿股权的60%，价格为6 120万美元。2004年，荣丰根据并购合同，向首钢支付了约定款项总额的90%，即5 508万美元。2004年，北京市国资委和中华人民共和国商务部先后批准并购合同。2004年，中国的国家发展和改革委员会以及商务部审批并购合同且同意后，提出不同意见，要求调整并购合同约定的出让股权比例，改为首钢控股。2007年，首钢提出，秘铁和秘电作为秘鲁上市公司，根据秘鲁法律，其股权受让人和股权转让价格尚未确定，并应在秘鲁采取公开市场竞价的公众收购要约方式确定。2008年，荣丰依并购合同约定，将双方争议提交仲裁，要求确认并购合同有效，要求直接过户秘铁股权。2010年，首钢也提起仲裁，要求解除并购合同。2011年，中国国际经济贸易仲裁委员会上海分会（现名上海国际经济贸易仲裁委员会或上海国际仲裁中心）对荣丰仲裁和首钢仲裁同时作出裁决，确认并购合同有效，驳回荣丰秘鲁直接过户的请求，驳回首钢解除并购合同请求。2012年，荣丰再次提起仲裁，要求首钢继续履行并购合同。2014年，荣丰将仲裁请求变更为调整股权比例为首钢51%控股，要求首钢据之向国家发改委履行报批手续。大约同期，首钢提出仲裁反请求，要求确认并购合同未生效，要求解除并购合同。上述仲裁暂时未果。

三、首钢并购秘鲁铁矿成败和绩效及相关分析

1. 秘鲁铁矿盈亏概况

图5-3所示的秘鲁铁矿盈亏情况至少可以说明：一方面，首钢秘鲁铁矿经过十余年的困顿和坚守，迎来了同样近十年的国际铁矿石市场的大幅上扬，从原来的巨额亏损迎来了巨额利润。市场以其巨大的力量改变了一切。另一方面，荣丰并购首钢秘鲁铁矿的并购合同难于履行，同样是因为市场巨大且持续的变化。

由图5-3可见秘鲁铁矿的盈亏情况，以秘铁计，以每年纯利润观察，1998—2003年，一直在低位徘徊；2004年及以后，则逐年上扬；2008年全球金融危机致其波动；此后则继续上扬，并在2011年达到历史高位。

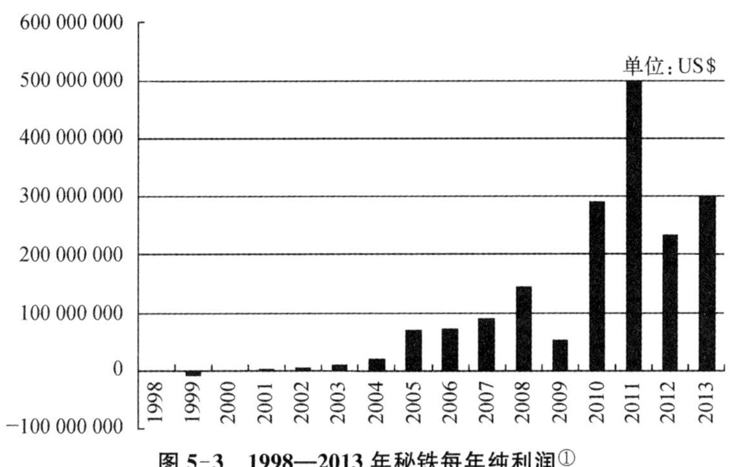

图 5-3　1998—2013 年秘铁每年纯利润①

2. 秘鲁铁矿矿石价格概况

图 5-4 所示秘鲁铁矿的秘铁矿石价格变化，是对图 5-3 秘铁利润的一个补充。由图 5-4 可见，秘鲁铁矿的秘铁矿石价格在 1994—2003 年一直在低位徘徊；2004 年及以后逐年上扬，2008 年全球金融危机致其波动。

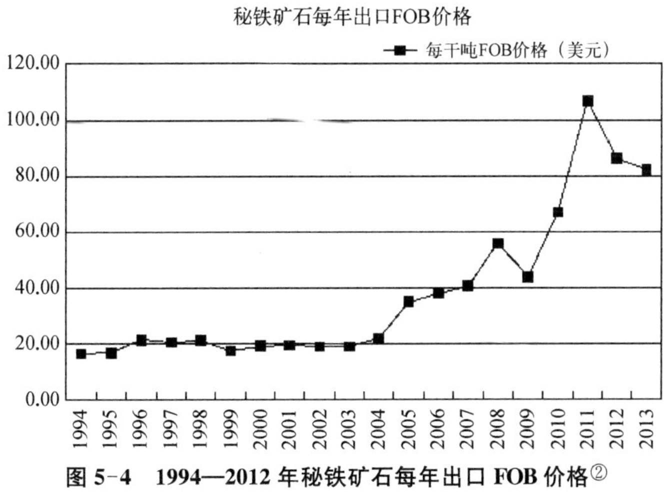

图 5-4　1994—2012 年秘铁矿石每年出口 FOB 价格②

① 利润数据来自秘鲁证监会网站公布数据，网站 http://www.smv.gob.pe/；兑换率采用当年全年平均兑换率中间价，网站 www.oanda.com/lang/cnt/currency/historical-rates/。

② 根据秘鲁海关网站公布报关数据整理，网站 http://www.aduanet.gob.pe。

3. 关于秘鲁铁矿第一次出让的首钢估值和报价

秘鲁铁矿的第一次出让，首钢的估值和报价反映了中国国有企业在跨境并购的20世纪80—90年代的初始阶段，完全缺乏经验。首钢的估值和报价也在一定程度上直接导致了其对投资承诺的两次违反。中国企业尤其是国有企业此后的跨境并购是否完全避免了如上述般的估值和报价的盲动，也是未必。

4. 关于首钢跨境并购后经营中遇到的问题

首钢跨境并购成功后经营中遇到的问题，如契约精神、管理水平、资金能力、劳资纠纷、环保问题等，是中国企业，尤其是以首钢在此案例中代表的中国国有企业跨境并购的普遍问题。其反映了中国企业跨境并购中面临的风险，包括前文所述的战略及相关准备风险、法律及相关操作风险，特别是文化及相关整合风险。

5. 关于秘鲁铁矿第二次出让的政府审批问题

秘鲁铁矿第二次出让，在政府审批问题上，国家发改委和国家商务部意见相左且公之于众，令投资者无从选择，不知所向。这是中国特殊的法律问题，也是中国特殊的审批现象，是特殊法律风险。

6. 关于秘鲁铁矿第二次出让的秘鲁法律问题

秘鲁铁矿第二次出让，并购合同适用中国法律，但并购合同在秘鲁履行，同样涉及秘鲁法律问题。而且，由于秘铁和秘电是秘鲁上市公司，较之对非上市公司的并购，上市公司并购的法律问题更要复杂得多。这与前述研究相对应并相符合。

7. 首钢并购秘鲁铁矿成败和绩效与长期市场因素

从国际铁矿石市场角度讲，长期看，市场有变化；市场变化，可能演变为市场异动，长期持续走低、低迷，或长期大幅上扬；首钢并购秘鲁铁矿，前期败绩，后期大幅盈利；荣丰并购首钢秘鲁铁矿，并购合同能够签署，并购合同难以履行，均与长期市场因素有关。所以，从长期看，市场因素对中国企业跨境并购成败和绩效有显著的影响作用或调节作用。

第三节　案例小结

一、关于政府秩序和市场秩序

本书在分析中国企业跨境并购阶段划分或浪潮、动因、风险时，曾强调已有学者的研究，政府秩序和市场秩序在中国企业跨境并购中是两种不同秩序，政府秩序对市场秩序的过多介入，会导致中国企业跨境并购成败和绩效的负面结果。政府秩序对市场秩序的介入，表现为政府主导方向、国有企业具体实施，上述中铝并购力拓就是这一过程的典型表现。并且因为这一特点，导致中铝第二阶段并购力拓失败。这也印证了中国企业跨境并购中的国家、国企、资源动因和风险，既构成国内背景，又形成基础性负面影响。

二、关于市场因素与中国企业跨境并购成败和绩效

根据上述中铝并购力拓案例，从短期看，市场因素对中国企业跨境并购成败和绩效有非常显著的影响作用或调节作用。根据上述首钢并购和出让秘鲁铁矿案例，从长期看，市场因素对中国企业跨境并购成败和绩效也有非常显著的影响作用或调节作用。因此，在市场秩序下，无论从短期还是长期看，起决定作用的都是市场因素。本书据此得出结论：中国企业跨境并购，市场因素对其成败、短期绩效、长期绩效均有非常显著的影响作用或调解作用。

第六章　结　　论

第一节　研究结论及意义

一、研究结论

本书研究中国企业跨境并购的影响因素与并购成败和绩效的关系，并重点对比并购影响因素在成败和短期绩效上、在发达国家和非发达国家中的相同或不同，以1990年1月至2012年12月数据，以1 513个样本和回归分析法研究并购成败，以105个样本和事件研究法分析并购短期绩效，以102个样本和财务评价法研究并购长期绩效，并以2个案例诠释并购成败和绩效，得出以下研究结论。

从整体上看，中国企业跨境并购，交易宣布后完成的概率统计约为60%，并购宣布前后的短期公告效应显著为正，并购后三年内长期绩效整体不佳并变差。市场因素对中国企业跨境并购的成败、短期绩效、长期绩效均有非常显著的影响作用或调节作用。从中国企业跨境并购的六个影响因素看，第一，中国企业进行跨境并购，与并购标的所在国的文化距离并不直接影响交易是否达成，但与并购短期绩效显著负相关，说明中国企业在完成并购交易后不能掉以轻心，仍需着力整合文化差异。第二，目标公司是否在发达国家不影响并购成功率，但并购发达国家企业能产生更高的短期超额收益率。第三，国有企业进行跨境并购面临特殊挑战，并购交易更难达成，尤其是在发达国家。第四，如果中国企业与跨境并购标的处于同一行业，则有助于并购交易达成，尤其是在非发达国家。第五，绝对控股并购在非发达国家更难成功；对短期绩效有显著正影响，尤其是在发达国家。第六，采用现金支付有助于并购交易达成，尤其是在发达国家。

本书上述研究结论，与文中重点介绍的跨境并购等对外直接投资理论相符，包括国际生产折衷理论和投资发展阶段理论。根据国际生产折衷理论等所有权优势论，相较于其他国家，尤其是相较于发达国家，中国企业跨境并购等对外直接投资尚不具备相关充分优势和条件，所以不易成功，难以取得好的绩效；根据投资发展阶段理论，中国的人均 GNP 数据，又使得中国企业跨境并购等对外直接投资具备了国内一定的经济条件和动力，这些条件和动力，促进了中国企业跨境并购等对外直接投资。中国企业的跨境并购等对外直接投资，就是在这两者的矛盾中，既困难重重，又波澜起伏。纵观已有文献对相关问题的研究，重点关注的角度和研究结论均不尽相同。本书以 1990 年 1 月至 2012 年 12 月中国企业跨境并购数据，对并购影响因素重新进行研究，并重点关注并购影响因素对并购成败和绩效、在发达国家和非发达国家的相同或不同。本书重点关注的分析内容，在现有文献研究中尚不多见。

本书研究中国企业跨境并购，涉及的并购影响因素是国家层面的文化距离和是否发达国家，企业层面的是否为国有企业和是否同行业并购，交易层面的是否绝对控股并购和是否现金支付，并对比并购影响因素在成败和绩效上、在发达国家和非发达国家中的相同和不同。对于并购影响因素，已有文献多有研究，本书的对比分析需要以此为基础，因此，本书以文中数据对相关问题重新研究；对于本书的对比分析，已有文献少有研究，是本书在已有文献研究的基础上新的关注点和创新点。本书对比分析的结论主要有：中国的国有企业较之非国有企业跨境并购，在发达比在非发达国家，成功的概率更低；中国企业跨境并购，在非发达国家选择同行业并购，成功的概率更高；绝对控股并购，在非发达国家更难成功，对短期绩效有显著正影响，尤其是在发达国家；采用现金支付有助于并购交易达成，尤其是在发达国家。这些对比分析的结论是本书的创新点。

二、研究意义

（一）理论意义

本书研究中国企业跨境并购的影响因素，和跨境并购成败和绩效的关系，以回归分析法研究跨境并购成败，以事件研究法分析跨境并购的短期绩效，以财务评价法研究跨境并购的长期绩效，并以案例诠释市场因素对中国企业跨境并购成败和绩效的影响。本书对比分析并购影响因素在成败和短期绩效上、在发达国家和非发达国家中的异同。现有理论和文献较少此类对比分析，尤其是成败和短期绩效、发达国家和非发达国家两个角度的综合对比分析。

（二）实践意义

1. 关于中国企业跨境并购成败和短期绩效的启示

就中国企业跨境并购而言，企业在并购实践中需明晰并关注：中国企业跨境并购，需权衡并对比某一并购影响因素对并购成败和绩效的相同或不同影响。国有企业进行跨境并购面临挑战与风险，尤其是在发达国家。对中国企业跨境并购而言，目标为发达国家还是非发达国家是非常重要且需要慎重的对比选择。中国企业跨境并购可首选并优选境外非上市公司。

2. 关于中国企业跨境并购长期绩效的启示

中国企业跨境并购的长期绩效不佳并变差。从国家层面，应规范并减少政府因素，尊重并强调市场因素，顺市场规律而为。从企业层面，应慎重选择是否进行跨境并购，并应重点关注跨境并购的长期绩效。

3. 关于市场因素对中国企业跨境并购成败和绩效影响的启示

市场因素对中国企业跨境并购的成败、短期绩效、长期绩效均有非常显著的影响作用或调节作用。从企业层面，应分析和研究所在行业和领域的市场情况，企业跨境并购也应顺市场规律而为。

第二节　本书不足之处

一、关于资本离境现象

本书分析中国企业跨境并购成败和绩效的国内背景，关注到中国式并购动因的政府导向、反向市场、资本离境。中国企业跨境并购中资本离境的动因，从现有大的数据看，是一个重要的特点，也是一个普遍的现象。但是，由于数据的可获得性等限制，也由于本书重点关注和研究的是中国企业跨境并购成败和绩效，因此，对资本离境现象本书只是作了简单的分析和描述，未及深入。这一现象值得关注和深入研究。

二、关于本书的对比研究

中国企业跨境并购影响因素及其在并购成败和绩效上、在发达国家和非发达国家中的相同或不同，这种对比研究是本书的研究特色，也是较新的研究点。但是，由于数据获得的限制，本书在研究中国企业跨境并购成败、短期绩效、长期绩效中，样本数据不能完全一致，有的数据只能来自不同的数据库。因此，本书的对比研究是相对意义上的比较分析。

三、关于长期绩效

由于跨境并购的实际情况、已有研究中的争论以及数据的可获得性等原因，本书对长期绩效只进行了一般性的财务分析，未及深入。

第七章　续　　篇

本书海外出版之际，作者在原文数据和案例的基础上，更新了最新数据和案例。

第一节　数据篇续篇

从政府层面看，中国企业跨境并购经历了审批制、核准制、备案制的过程，这是一个由繁入简、从管制到放开的过程；从经济发展的层面看，国内生产总值和国民生产总值逐年上涨，形成一个良好的经济基础。

但是，最近几年，中国企业跨境并购却呈现一定程度的下降趋势，这里的特定背景是最近几年中国外汇储备的下降，在此背景下，中国企业跨境并购在政府层面上反而趋于严格。

这进一步说明了本书一直以来蕴含的一个观点，中国经济（包括中国企业跨境并购）受政治因素、政府政策的影响较大，不是一个纯粹的经济学问题。

本书续篇的数据统计，个别数据来源、统计口径、具体数字也有所更新或稍有不同，但基本数据和由数据所体现的经济走势是一致的。

表 7-1 是对本书表 2-1 的更新，更新了中国国内生产总值和国民生产总值等数据至 2020 年，该数据说明中国国内生产总值和国民生产总值在最近几年仍是逐年上涨的。

表 7-1　2013—2020 年中国国内生产总值和国民生产总值等数据

年度	国内生产总值	国内生产总值(第一产业增加值)	国内生产总值(第二产业增加值)	国内生产总值(第三产业增加值)	人均国内生产总值	国民生产总值
	亿元	亿元	亿元	亿元	元	亿美元
2020	1 015 986.2	77 754.1	384 255.3	553 976.8	72 000.0	148 807.4
2019	986 515.2	70 473.6	380 670.6	535 371.0	70 328.0	145 190.5
2018	900 309.5	64 734.0	366 000.9	469 574.6	64 644.0	133 719.8
2017	820 754.3	62 099.5	332 742.7	425 912.1	59 201.0	120 429.1
2016	740 060.8	60 139.2	296 547.7	383 373.9	53 680.0	113 804.4
2015	685 992.9	57 774.6	282 040.3	346 178.0	50 028.0	108 974.7
2014	641 280.6	55 626.3	277 571.8	308 082.5	47 005.0	102 649.0
2013	592 963.2	53 028.1	261 956.1	277 979.1	43 684.0	92 237.9

数据来源：WIND 数据库 & CSMAR 数据库。

图 7-1 是补充的数据，为 2006—2017 年中国对外直接投资流量及其增长率，该数据直观和直接说明了，在中国经济最近几年仍是逐年增长的基础上，中国对外直接投资流量及其增长率至 2017 年开始下降，且是较大幅度下降。

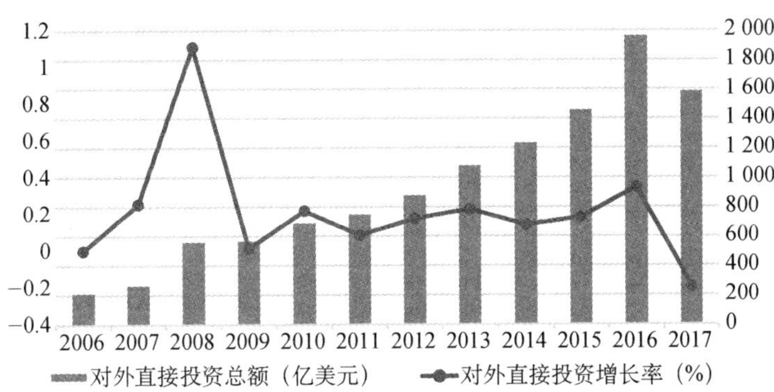

图 7-1　2006—2017 年中国对外直接投资流量及其增长率

数据来源：WIND 数据库。

表 7-2 是补充的数据，为 2003—2017 年中国对外直接投资流量分国家（地区）统计，该数据与本书所述中国企业跨境并购的资本离境动因完全一致，即中国跨境并购等对外直接投资主要流向了香港等地，其中不乏过桥现象，也催生了“返程投资”，并非全部正常。

表 7-2　2003—2017 年中国对外直接投资流量分国家统计 单位：亿美元

年度	中国香港	新加坡	日本	韩国	马来西亚	泰国	俄罗斯	英国	巴西	加拿大	美国	欧盟	澳大利亚
2003	11.5	0.0	0.1	1.5	0.0	0.6	0.3	0.0	0.1	−0.1	0.7		0.3
2004	26.3	0.5	0.2	0.4	0.1	0.2	0.8	0.3	0.1	0.1	1.2		1.2
2005	34.2	0.2	0.2	5.9	0.6	0.0	2.0	0.2	0.2	0.3	2.3	1.9	1.9
2006	69.3	1.3	0.4	0.3	0.1	0.2	4.5	0.4	0.1	0.3	2.0	1.3	0.9
2007	137.3	4.0	0.4	0.6	−0.3	0.8	4.8	5.7	0.5	10.3	2.0	10.4	5.3
2008	386.4	15.5	0.6	1.0	0.3	0.5	4.0	0.2	0.2	0.1	4.6	4.7	18.9
2009	356.0	14.1	0.8	2.7	0.5	0.5	3.5	1.9	1.2	6.1	9.1	29.7	24.4
2010	385.1	11.2	3.4	−7.2	1.6	7.0	5.7	3.3	4.9	11.4	13.1	59.6	17.0
2011	356.5	32.7	1.5	3.4	1.0	2.3	7.2	14.2	1.3	5.5	18.1	75.6	31.7
2012	512.4	15.2	2.1	9.4	2.0	4.8	7.8	27.7	1.9	8.0	40.5	61.2	21.7
2013	628.2	20.3	4.3	2.7	6.2	7.6	10.2	14.2	3.1	10.1	38.7	45.2	34.6
2014	708.7	28.1	3.9	5.5	5.2	8.4	6.3	15.0	7.3	9.0	76.0	97.9	40.5
2015	897.9	104.5	2.4	13.2	4.9	4.1	29.6	18.5	−0.6	15.6	80.3	54.8	34.0
2016	1 142.3	31.7	3.4	11.5	18.3	11.2	12.9	14.8	1.2	28.7	169.8	99.9	41.9
2017	911.5	63.2	4.4	6.6	17.2	10.6	15.5	20.7	4.3	3.2	64.3	102.7	42.4

数据来源：WIND 数据库。

表 7-3 是对本书图 1-3 的更新和补充，为 2013—2017 年中国对外直接投资存量分行业统计，该数据说明，中国跨境并购等对外直接投资，除了传统的采矿业和制造业之外，租赁和商务服务业、批发和零售业、信息传输与计算机服务和软件业、金融业的占比也异军突起，这应该是一个从传统行业走向现代行业的过程和方向。

表 7-3 2008—2017 年中国对外直接投资存量分行业统计

单位:亿美元

年度	农、林、牧、渔业	采矿业	制造业	电力、燃气及水的生产和供应业	建筑业	交通运输、仓储和邮政业	信息传输、计算机服务和软件业	批发和零售业	金融业	房地产业	租赁和商务服务业	科学研究、技术服务和地质勘查业	其他
2008	14.68	228.68	96.62	18.47	26.81	145.20	16.67	298.59	366.94	40.98	545.83	19.82	20.39
2009	20.28	405.80	135.92	22.56	34.13	166.31	19.67	356.95	459.94	53.43	729.49	28.74	24.27
2010	26.12	446.61	178.02	34.11	61.73	231.88	84.06	420.06	552.53	72.66	972.46	39.67	51.83
2011	34.17	669.95	269.64	71.41	80.51	252.61	95.53	490.94	673.93	89.86	1 422.90	43.88	52.29
2012	49.64	747.84	341.40	89.92	128.56	292.27	48.20	682.12	964.53	95.81	1 756.98	67.93	53.73
2013	71.79	1 061.71	419.77	111.97	194.46	322.28	73.84	876.48	1 170.80	154.21	1 957.34	86.70	102.80
2014	96.92	1 237.25	523.52	150.41	225.83	346.82	123.26	1 029.57	1 376.25	246.49	3 224.44	108.73	134.63
2015	114.76	1 423.81	785.28	156.63	271.24	399.06	209.28	1 219.41	1 596.60	334.93	4 095.68	144.31	225.89
2016	148.85	1 523.70	1 081.13	228.21	324.20	414.22	648.02	1 691.68	1 773.42	461.05	4 739.94	197.20	333.07
2017	165.62	1 576.70	1 403.01	249.91	377.04	547.68	2 188.97	2 264.27	2 027.93	537.55	6 157.73	216.84	363.22

数据来源:WIND 数据库。

表 7-4 是更新和补充的数据，是对本书图 1-1 和图 1-2 的更新和补充，为 2013—2018 年中国企业跨境并购数量及金额统计。该数据说明了，从中国企业跨境并购的数量看，2016 年开始出现较大幅度的负增长；从中国企业跨境并购金额看，2017 年开始出现较大幅度的负增长。

表 7-4　2013—2018 年中国企业跨境并购数量及金额统计

年度	数量	同比增长(%)	金额(亿元)	同比增长(%)
2013	144	−12.2	1 745.2	−70.7
2014	287	99.3	5 349.9	206.5
2015	439	53.0	3 516.0	−34.3
2016	342	−22.1	9 931.3	182.5
2017	418	22.2	4 668.7	−53.0
2018	372	−11.0	3 286.4	−29.6

数据来源：WIND 数据库。

图 7-2 是更新和补充的数据，是对本书图 1-2 的更新和补充，为 2013—2018 年中国企业跨境并购数量及其增长率，该数据说明了，从中国企业跨境并购数量及其增长率看，2014 年开始出现较大幅度的负增长。

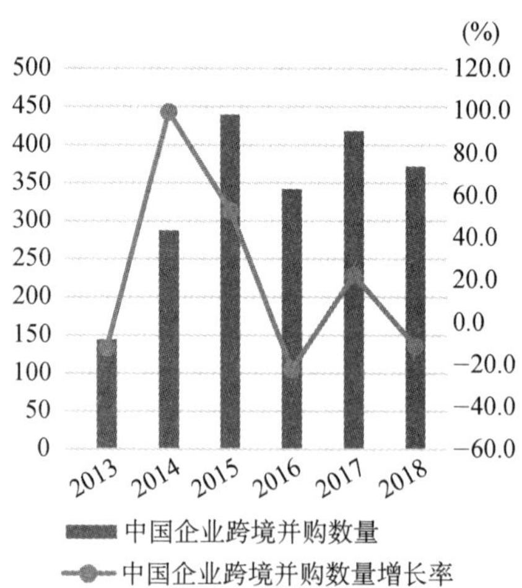

图 7-2　2013—2018 年中国企业跨境并购数量及其增长率

数据来源：WIND 数据库。

图 7-3，是对本书图 1-1 的补充，为 2013—2018 年中国企业跨境并购交易数量与金额，该数据说明了，从中国企业跨境并购金额及其增长率看，2017 年前后有较大幅度的负增长。

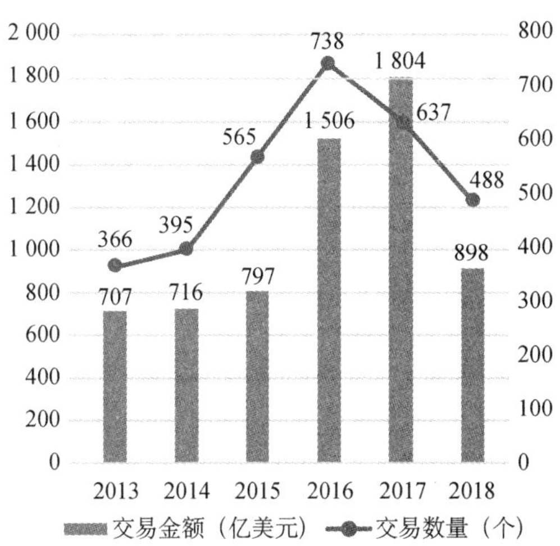

图 7-3 2013—2018 年中国境内企业跨境并购交易数量与金额

数据来源：前瞻产业研究院整理。

表 7-5 是对本书图 1-3 的更新和补充，为 2010—2018 年中国企业跨境并购数量及金额分行业统计，该数据说明了，从中国企业跨境并购数量的行业看：2010 年，工业、材料、信息技术行业占比较高；2018 年，工业、可选消费、信息技术行业占比较高。从中国企业跨境并购金额的行业看：2010 年，能源、公用事业、工业行业占比较高；2018 年，可选消费、材料、工业行业占比较高。

表 7-6 是补充的数据，为 2000—2018 年中国企业跨境并购数量及金额分国家统计，该数据与表 7-2，可以互相印证。

表 7-5　2010—2018 年中国企业跨境并购数量及金额分行业统计

单位:亿元

行业	2010		2011		2012		2013		2014		2015		2016		2017		2018	
	数量	金额	数量	金额	数量	金额	数量	金额	数量	金额	数量	金额	数量	金额	数量	金额	数量	金额
电信服务	5	0.73	4	65.35	2	0.00	2	1.73	5	302.61	3	1.68	1	0.97	6	7.50	1	3.10
房地产	1	0.10	1	0.95	6	210.87	1	30.56	11	161.88	29	337.18	15	515.67	19	497.17	7	251.47
信息技术	17	210.12	24	67.59	27	86.40	21	36.88	54	581.33	85	471.21	60	1 524.56	76	326.65	59	128.84
可选消费	11	139.97	24	531.98	27	300.07	19	40.63	56	381.93	77	815.48	71	1 560.41	67	442.33	64	835.59
公用事业	6	627.96	7	872.43	3	195.62	8	73.41	8	361.56	6	83.48	6	181.78	5	542.18	6	109.71
材料	19	361.73	21	1 054.09	16	582.52	16	101.42	28	501.86	42	110.75	37	3 359.62	48	401.52	43	624.65
日常消费	7	219.58	11	681.19	4	87.30	3	33.30	9	100.44	16	110.51	14	229.29	18	88.95	9	50.57
医疗保健	0	0.00	10	42.17	3	12.55	6	24.48	18	132.72	35	115.64	34	140.26	43	205.37	42	214.50
金融	12	288.34	38	4 786.19	23	1 248.70	17	659.48	26	1 252.93	26	425.15	22	1 135.35	20	848.93	10	135.49
工业	21	422.31	37	746.00	24	405.61	43	188.59	54	817.99	96	962.88	74	887.96	91	823.23	66	593.86
能源	12	2 510.69	17	2 736.27	26	2 687.43	10	554.31	18	646.01	18	52.62	4	20.54	5	189.05	5	1.20

数据来源:WIND 数据库。

表 7-6　2000—2018 年中国企业跨境并购数量及金额分国家统计

国家(地区)	数量	数量占比(%)	金额(百万美元)	金额占比(%)
中国香港	508	16.34	80 231.75	15.97
美国	263	8.46	87 353.92	17.38
澳大利亚	201	6.47	36 685.17	7.3
加拿大	96	3.09	26 398.27	5.25
新加坡	93	2.99	22 464.87	4.47
英国	67	2.16	40 301	8.02
日本	57	1.83	5 103.92	1.02
德国	55	1.77	18 314.86	3.64
韩国	53	1.71	3 502.59	0.7
意大利	45	1.45	7 675.26	1.53
法国	42	1.35	14 248.75	2.84
马来西亚	24	0.77	2 939.96	0.59
巴西	23	0.74	24 054	4.79
荷兰	21	0.68	6 028.48	1.2
南非	15	0.48	8 847.06	1.76
瑞士	15	0.48	5 805.9	1.16
俄罗斯	10	0.32	9 649.17	1.92
哈萨克斯坦	9	0.29	9 462.43	1.88
挪威	8	0.26	3 172.44	0.63
其他	1 503	48.36	90 239.05	17.96
总计	3 108	100	502 478.84	100

数据来源:笔者根据 SDC Platinum 数据库整理所得。

第二节　案例篇续篇

本书前文分析了中国企业跨境并购的两个案例,中铝并购力拓,首钢并购秘鲁铁矿和出让秘鲁铁矿。

关于中铝并购力拓,在本书出版之际已有结论,书中已有叙述,即中铝并购力拓,第一阶段并购成功,第二阶段并购失败,这也是迄今为止中国企业跨境并购数额最大的海外投资并购案宣告失败,教训惨痛深刻,原因前文有述。

关于首钢并购秘鲁铁矿和出让秘鲁铁矿，对于前文提到的荣丰2012年的再次仲裁请求，和首钢大约同期的仲裁反请求，上海国际经济贸易仲裁委员会(上海国际仲裁中心)已于2016年底再次统一作出裁决，再次确认并购合同有效，再次驳回首钢解除并购合同的反请求。目前，该法律问题仍未得到解决，一方面，首钢根据并购合同已经向荣丰约定转让了秘鲁铁矿股权，但首钢并未履行并购合同，仍持续享有秘鲁铁矿的连续收益，但是由于并购合同有效，且仲裁协议已在秘鲁得到承认，首钢虽在继续经营秘鲁铁矿，却难以对其做出任何股权的权益处置；另一方面，荣丰持有有效的并购合同，以及生效并在秘鲁得到承认的仲裁裁决，仲裁裁决要求继续履行并购合同，但如何履行却至今无解。

本书成稿至今，中国企业跨境并购又有了很多经典案例，例如，在中国深圳证券交易所上市的蓝帆医疗股份有限公司并购在新加坡交易所上市的柏盛国际，从财务、业务、交易结构、参与主体都堪称跨境并购领域的经典案例；又如，在中国上海证券交易所上市的宁波均胜电子股份有限公司并购在日本东京证券交易所上市的高田；再如，吉利控股集团收购德国的汽车制造商戴姆勒，更是民营企业跨境并购的典范之作。

根据公开信息，吉利控股集团始建于1986年，1997年进入汽车领域，曾于2012年进入世界500强。近几年，通过不断的投资，吉利已经打造了一个汽车帝国，先后投资福特汽车旗下的沃尔沃公司、DRB旗下的宝腾汽车、豪华跑车品牌路特斯、飞行汽车创业公司Terrafugia等。

目前，公司旗下已经拥有沃尔沃汽车、Polestar、领克汽车、吉利汽车、伦敦电动汽车、远程商用车等多个品牌。而此次跨境并购的对象目标，则拥有梅赛德斯·奔驰乘用车、戴姆勒卡车、梅赛德斯-奔驰轻型商务车、戴姆勒客车等。

德国汽车制造商戴姆勒是著名汽车品牌梅赛德斯·奔驰的母公司，成立于1890年，总部位于斯图加特，是全球最大的商用车制造商，全球第二大豪华车生产商、第二大卡车生产商。

中国已逐渐成为戴姆勒最重要的市场之一，奔驰在中国也一直在与宝马和奥迪的竞争中扩大着自身的销量。吉利成为戴姆勒的股东，意味着吉利将进一步进军欧洲。当然，吉利还希望与戴姆勒就共享电池技术达成协议，在纯电动汽车技术研发方面，戴姆勒被认为是汽车行业中遥遥领先的领军者之一。

戴姆勒是全球汽车领导者，在电动化、智能化、无人驾驶与共享出行各领域都是引领者，从战略协同的角度，戴姆勒与吉利、沃尔沃产生协同效应，这是吉利入股戴姆勒的一大原因。

2018 年 2 月，德国汽车制造商戴姆勒的一份监管申报文件披露，吉利集团董事长李书福通过一投资机构持有其 9.69％的股权及超过 1.036 亿股的表决权，成为戴姆勒集团的最大股东，交易价格约 90 亿美元。

吉利成功地跨境并购戴姆勒，说明中国民营企业在中国企业跨境并购中具有的地位和扮演的角色越来越重要，这也是中国企业跨境并购未来的一个必然趋势和应有方向。

参 考 文 献

1. 林珏.跨国并购和跨国战略联盟研究[M].上海：上海财经大学出版社,2011.
2. 杨春桃.中国企业海外并购及东道国法律规制典型案例分析[M].北京：首都经济贸易大学出版社,2014.
3. 田泽.中国企业海外并购理论与实践研究[M].北京：化学工业出版社,2010.
4. 何志毅,柯银斌等.中国企业跨国并购10大案例[M].上海：上海交通大学出版社,2010.
5. 黄嵩,李昕旸.兼并与收购[M].北京：中国发展出版社,2008.
6. 李俊杰.中国企业跨境并购[M].北京：机械工业出版社,2013.
7. 黄益平,何帆,张永生.中国对外直接投资研究[M].北京：北京大学出版社,2013.
8. Greg N.Gregoriou,Karyn L.Neuhauser.企业并购逻辑与趋势[M].巴曙松等,译.北京：北京大学出版社,2009.
9. Patrick A.Gaughan.兼并、收购与公司重组[M].朱宝宪,吴亚君,译.北京：机械工业出版社,2010.
10. Sudi Sudarsanam.并购创造价值(第二版)[M].芮萌,译.北京：中国人民大学出版社,2013.
11. Robert F. Bruner.铁血并购——从失败中总结出来的教训[M].沈嘉,译.上海：上海财经大学出版社,2008.
12. 王仁荣.跨国公司跨境并购法律问题研究[D].上海：复旦大学博士学位

论文,2012.
13. 张映雪.中国企业海外并购中政府监管与服务法律问题研究[D].上海:上海社会科学院硕士学位论文,2011.
14. 梁晓路.国有企业并购绩效与政府干预并购的动因研究[D].成都:成都理工大学硕士学位论文,2011.
15. 李飞.中央企业境外投资风险控制研究[D].北京:财政部财政科学研究所博士学位论文,2012.
16. 杨群.中国国有企业海外并购的制度因素研究[D].南昌:江西财经大学博士学位论文,2012.
17. 吴茜茜.中国企业跨国并购绩效实证研究——基于主成分分析法[D].上海:复旦大学硕士学位论文,2011.
18. 李江.企业并购中政府干预的经济学分析[D].上海:复旦大学博士学位论文,2003.
19. 马建威.中国企业海外并购绩效研究[D].北京:财政部财政科学研究所博士学位论文,2011.
20. 张娟.中国企业对外直接投资的区位选择研究——基于价值链的视角[D].上海:复旦大学博士学位论文,2007.
21. 邹建卫.中国民营企业跨国并购研究[D].厦门:厦门大学硕士学位论文,2008.
22. 艾景飞.政治因素对中国跨国并购的影响[D].北京:外交学院硕士学位论文,2011.
23. 吴芳芳.国有中资企业在海外经营过程中的社会责任问题研究[D].北京:北京大学博士学位论文,2013.
24. 张传民.中国国企跨国并购低成功率的原因分析——基于博弈论的分析方法[D].北京:中国青年政治学院硕士学位论文,2012.
25. 周昌仕.政府控制下的公司并购模式及绩效研究——基于中国上市公司的经验数据[D].广州:暨南大学博士学位论文,2008.
26. 刘志强.上市公司并购绩效及其影响因素的实证研究[D].长春:吉林大学博士学位论文,2007.

27. 杨镭.跨国并购与政府规制——兼论中国对外资并购的规制[D].北京：中国社会科学院研究生院博士学位论文，2003.

28. 陈业宏，陈伟翔.论东道国对外资并购的管制制度及母国的法律对策——以中国企业在美国的海外并购为例[J].武汉大学学报(哲学社会科学版)，2006，(6)：248-255.

29. 刘彦.我国上市公司跨境并购绩效实证分析[J].商业研究，2011，(6)：106-111.

30. 李静萍，高敏雪.中国对外直接投资的现状、差距与潜力[J].经济理论与经济管理，2005，(7)：17-18.

31. 邱欣欣.我国企业海外并购趋势、特点及战略分析[J].商业研究，2004，(19)：52-54.

32. 项本武.东道国特征与中国对外直接投资的实证研究[J].数量经济技术经济研究，2009，(7)：33-46.

33. 李自杰，李毅，曹保林.金融危机下中国企业海外并购的特征、问题及对策研究——基于对外经济贸易大学跨国并购数据库中国企业海外并购的实证分析[J].经济问题探索，2010，(4)：152-157.

34. 孙加韬.中国企业海外并购的风险防范与化解[J].亚太经济，2005，(1)：42-45.

35. 余力，刘英.中国上市公司并购绩效的实证分析[J].当代经济科学，2004，(4)：68-74.

36. 夏新平，邹朝辉，潘红波.不同并购动机下的并购绩效的实证研究[J].统计与决策，2007，(1)：79-80.

37. 李增泉，余谦，王晓坤.掏空、支持与并购重组——来自我国上市公司的经验证据[J].经济研究，2005，(1)：95-104.

38. 王利月，张丙宣.企业重组、政府作用与市场秩序——对近年来国内几个钢企并购案的分析[J].浙江大学学报(人文社会科学版)，2010，(9)：16-25.

39. 王海.中国企业海外并购经济后果研究——基于联想并购 IBMPC 业务的案例分析[J].管理世界，2007，(2)：95-119.

40. 顾露露，Robert Reed.中国企业海外并购失败了吗？[J].经济研究，2011，(7)：116-127.

41. 于桂琴.中国企业跨国并购政治、法律风险分析与防范对策[J].经济界，2008，(2)：65-68.

42. 陈志宏.跨国并购中企业应注意的问题和政府角色[J].世界经济研究，2006，(11)：72-77.

43. 孙加韬.中国企业海外并购的风险防范与化解[J].亚太经济，2005，(1)：42-45.

44. 温巧夫，李敏强.中国企业海外并购中的风险与对策研究——基于2000—2005年中国企业海外并购实证分析[J].经济理论与经济管理，2006，(5)：24-29.

45. 邵新建，巫和懋，肖立晟，等.中国企业跨国并购的战略目标与经营绩效：基于A股市场的评价[J].世界经济，2012，(5)：81-103.

46. 陆瑶，闫聪，朱玉杰.对外跨国并购能否为中国企业创造价值？[J].清华大学学报自然科学版，2011，51(8)：1145-1154.

47. 阎大颖.制度约束与中国企业跨国并购的经营绩效[J].山西财经大学学报，2009，31(1)：63-69.

48. 冯根福，吴林江.我国上市公司并购绩效的实证研究[J].经济研究，2001，(1)：54-61.

49. 刘艳春，赵一，胡微娜，等.基于超效率数据包络分析模型的海外并购绩效——金融危机后的行业数据检验[J].经济与管理研究，2013，(3)：61-65.

50. 阎大颖.国际经验、文化距离与中国企业海外并购的经营绩效[J].经济评论，2009，(1)：83-90.

51. 夏立军，方轶强.政府控制、治理环境与公司价值——来自中国证券市场的经验数据[J].经济研究，2005，(5)：40-50.

52. 周杰，薛有志，吴超.市场化进程、地区开放度与企业跨国并购[J].经济与管理研究，2012，(12)：115.

53. 吴超鹏，吴世农，郑方镳.管理者行为与连续并购绩效的理论与实证研究

[J].管理世界,2008,(7):128-132.

54. 范从来,袁静.成长性、成熟性和衰退性产业上市公司并购绩效的实证分析[J].中国工业经济,2002,(8):65-72.

55. 方芳,闫晓彤.中国上市公司并购绩效与思考[J].经济理论与经济管理,2002,(8):43-48.

56. 黄兴孪,沈维涛.政府干预、内部人控制与上市公司并购绩效[J].经济管理,2009,31(6):70-76.

57. 潘红波,夏新平,余明桂.政府干预、政治关联与地方国有企业并购[J].经济研究,2008,(4):41-51.

58. 张建红,卫新江,海柯·艾伯斯.决定中国企业海外收购成败的因素分析[J].管理世界,2010,(3):97-107.

59. 阎大颖.制度距离、国际经验与中国企业海外并购的成败问题研究[J].南开经济研究,2011,(5):75-93.

60. 张诚,赵剑波.高管团队异质性、企业所有制与海外股权并购——来自中国上市公司的经验证据[J].北京工商大学学报(社会科学版),2012,27(2):55.

61. 杜群阳,徐臻.中国企业海外并购的绩效与风险:评价模型与实证研究[J].国际贸易问题,2010,(9):65-71.

62. 姜秀珍,徐波.跨国并购中的政府职能定位——CFIUS调查联想与IBM并购交易的反思[J].国际商务研究,2005,(4):20-23.

63. 柏航周,靳雪银.政府支持对跨国并购作用的国际经验及启示研究[J].决策与信息,2011,(11):175-176.

64. 赵曙明,张捷.中国企业跨国并购中的文化差异整合策略研究[J].南京大学学报(哲学·人文科学·社会科学),2005,(5):32-41.

65. 陈健,席酉民,郭菊娥.国外并购绩效评价方法研究综述[J].当代经济科学,2005,(3):85-90.

66. 赵海波.东亚地区国际投资态势的实证分析——邓宁投资阶段论在东亚的检验[J].世界经济研究,2006,(4):59.

67. 薛求知,朱吉庆.中国对外直接投资发展阶段的实证研究[J].世界经济研究,2007,(2):40.

68. 齐晓亮,周昌仕.公司并购中政府利益冲突与协调分析[J].管理学家(学术版),2012,(7):48.

69. 王自锋,邱立成,黄美玲.论跨国并购与东道国政府的规制政策[J].科学管理研究,2009,29(7):61-62.

70. Doukas J., N. G. Travlos. The Effect of Corporate Multinationalism on Shareholders'[J]. *The Journal of Finance*, 1988, 43(5): 1161-1175.

71. Shleifer, A. and R.W. Vishny. Stock Market Driven Acquisitions[J]. *Journal of Financial Economics*, 2003, 70(3): 295-311.

72. Isil Erel, Rose C. Liao and Michael S. Weisbach. Determinants of Cross-Border Mergers and Acquisitions [J]. *The Journal of Finance*, 2012, LXVII(3): 1045-1082.

73. Halpern, P. Corporate Acquisitions: A Theory of Special Cases? A Review of Event Studies Applied to Acquisitions [J]. *The Journal of Finance*, Vol.38, No.2, Papers and Proceedings Forty-First Annual Meeting American Finance Association New York, N. Y. December 28-30, 1982 (May, 1983): 297-317.

74. Haleblian, D. J., Devers, C. E., Mcnamara, G., et al.. Taking Stock of What We Know About Mergers and Acquisitions — A Review and Research Agenda[J]. *Journal of Management*, 2009, (35): 469-503.

75. Michael C. Jensen. Takeovers: Their Causes and Consequences[J]. *The Journal of Economic Perspectives*, 1988,2(1): 21-48.

76. Ahern K. R., D. Daminelli, C. Fracassi. Lost in Translation? The Effect of Cultural Values on Mergers Around the World[J]. *Journal of Financial Economics*, 2015, 117(1):165-189.

77. Michael C. Jensen. Agency Costs of Free Cash Flow: Corporate Finance and Takeovers [J]. *American Economic Review*, 1986,(76): 323-329.

78. Lang, H.P.L., M. Stulz and A.R. Walking. A Test of the Free Cash Flow Hypothesis [J]. *Journal of Financial Economics*, 1991,(29): 315-335.

79. Harford J. Corporate Cash Reserves and Acquisitions[J]. *Journal of Finance*, 1999,(54): 1969-1997.

80. Starks, L. T., K. D. Wei. Cross-Border Mergers and Differences in Corporate Governance [J]. *International Review of Finance*, 2013, 13(3): 265-297.

81. Nickolaos G. Travlos. Corporate Takeover Bids, Methods of Payment, and Bidding Firms' Stock Returns[J]. *The Journal of Finance*, 1987, 42(4): 943-963.

82. Lulu Gu, W.R.Reed. Chinese Overseas M&A Performance and the Go Global Policy[J]. *Economics of Transition Volume*, 2013, 21(1): 157-192.

83. Yuan Yi Chen, Michael N. Young. Cross-border Mergers and Acquisitions by Chinese Listed Companies: A Principal-principal Perspective [J]. *Asia Pacific Journal of Management*, 2010, (27): 523-539.

84. Morck, R., B. Yeung and M. Zhao. Perspectives on China's Outward Foreign Direct Investment [J]. *Journal of International Business Studies*, 2008, 39(3): 337-350.

85. Singh, H., C. A. Montgomery. Corporate Acquisition Strategies and Economic Performance [J]. *Strategic Management Journal*, 1987, 8(4): 377-386.

86. Michael C. Jenson, Richard S. Ruback. The Market for Corporate Control — The Scientific Evidence [J]. *Journal of Financial Economics*, 1983, (11): 5-50.

87. Nahavandi. A., A. R. Malekzadeh. Acculturation in Mergers and Acquisitions[J]. *International Executive*, 1988, 30(1): 10-12.